中　国　工　会　创　新　工　作　法

“1+N”工作法

职工思想政治工作品牌矩阵建设

湖北省总工会 ———— 编著

中国工人出版社

出版说明

改革创新是时代发展的最强音，也是工运事业蓬勃发展的不竭动力。习近平总书记高度重视工会改革创新，强调要继续深化工会改革和建设，牢固树立大抓基层的鲜明导向，夯实基层基础，激发基层活力，不断增强基层工会的引领力、组织力、服务力。

为深入学习宣传贯彻习近平总书记重要讲话精神，推动中国工会十八大部署落地落实，促进工会工作品牌化和创新化建设，中华全国总工会策划出版“中国工会创新工作法”丛书，推出一批反映工会工作创新的典型工作法，提炼可复制、可推广的工会改革创新经典案例，集中展示中国工会改革创新实践。

从书收入的工会创新工作法，是各级工会坚持问题导向、目标导向，加强工会工作理念创新和方式方法创新的优秀代表。提炼这些工会创新工作法，既是工会组织将经过实践检验的工作经验提升到方法论层面的有益尝试，也可以为其他领域工作开展提供经验参考，推动各级工会进一步加强实践创新、理论创新和制度创新，不断绘就中国工会改革创新的新图景。

在出版丛书的同时，中国工人出版社还运用数字化手段，配套开发了工作法视频课程，开辟了线上学习专区，借助学习平台促进工会创新工作法直达广大工会干部。希望丛书的出版能为工会工作创新搭建一个交流平台，促进更多工会创新工作法的产生，共同推动工会工作高质量发展。

目录

引　言

思想政治工作是党的优良传统、鲜明特色和突出政治优势，是一切工作的生命线。工会作为党领导下的工人阶级群众组织，首要政治任务是引导职工听党话、跟党走，巩固党执政的阶级基础和群众基础。为履行好这一神圣职责，必须适应时代的新发展、新变化，守正创新做好职工思想政治工作。

长期以来，湖北省总工会高度重视职工思想政治工作，把思想政治引领贯穿于工会工作全过程、各方面，于 2023 年 5 月推动湖北省人大常委会在全国首个出台《关于大力弘扬劳模精神劳动精神工匠精神的决定》，将职工思想政治工作融入发展大局、纳入法制化轨道，努力打造在全国立得住、叫得响的湖北特色、湖北模式。

为纵深推进、全面活跃职工思想政治工作，湖北省总工会加强系统谋划，创新推出“1+N”工作法，即持之以恒开展“中国梦·劳动美”主题宣传教育，坚持这一主题不动摇；上下联动打造“N个工作品牌”，包含省总工会直接打造的思政工作品牌，以及各级工会“一地一品”、“一企一策”打造的若干思政工作品牌，形成强大工作矩阵，促进职工思政工作精彩纷呈、百花齐放。在此过程中，湖北省总工会不断强化“大思政”理念，着力构建“大思政”格局，以开展新时代职工思想政治工作创新案例征集展示活动为抓手，加强标杆示范引领，鼓励各级工会大胆探索，因地制宜树品牌、尊重规律育品牌，共同汇聚成全省工会组织积极引领职工队伍听党话、跟党走的生动实践。下一步，湖北省总工会将继续深入贯彻党中央关于做好职工思想政治工作的部署要求，落实工会工作“服务化、体系化、品牌化、创新化、数智化”要求，进一步强化责任担当、创新方式方法，持续推动新时代职工思想政治工作取得更大成效。

第一章

“1+N”工作法提出的背景

一、守好思想政治工作生命线

思想政治工作是党的优良传统、鲜明特色和突出政治优势，是一切工作的生命线。加强和改进思想政治工作，事关党的前途命运，事关国家长治久安，事关民族凝聚力和向心力。

中国共产党历来高度重视思想政治工作，善于运用思想政治工作推动党的事业发展。在新民主主义革命时期，中国共产党围绕革命斗争开展思想政治工作，并把它作为启发觉悟、动员群众的重要方式，为新民主主义革命的胜利奠定了强大的思想政治基础。在社会主义革命和建设时期，中国共产党在全国范围内积极开展思想政治工作，使社会各阶层普遍受到深刻的思想政治教育，凝聚起在党的领导下共同建设新中国的统一意志。在改革开放和社会主义现代化建设新时期，中国共产党的思想政治工作在内容、方式和机制上不断与时俱进、开拓创新，为改革开放和社会主义现代化建设提供了强大的思想保证和精神动力。进入中国特色社会主义新时代，以习近平同志为核心的党中央从战略高度提出了许多关于加强思想政治工作的新思想和新论断，极大丰富和发展了党的思想政治工作的内涵，为新时代全面推动思想政治工作创新发展提供了基本遵循，开创了党的思想政治工作的新局面。

2021 年 7 月，在中国共产党成立一百周年之际，中共中央、国务院印发了《关于新时代加强和改进思想政治工作的意见》，这是新时代加强和改进思想政治工作的纲领性文件，集中体现了中国共产党百年来开展思想政治工作的一系列科学性、规律性认识。

习近平总书记强调，加强和改进思想政治工作，深化群众性精神文明创建活动。思想政治工作是党的优良传统和政治优势，要围绕举旗帜、聚民心、育新人、兴文化、展形象的职责使命，加强和改进思想政治工作，推进理念创新、手段创新、基层工作创新，充分调动一切积极因素，广泛团结一切可以团结的力量，为巩固和发展中国特色社会主义制度服务，为改革开放和社会主义现代化建设服务。

当前，我国已经开启全面建设社会主义现代化国家新征程，面对复杂的国内外形势，要坚守思想政治工作是一切工作的生命线的意识。新时代思想政治工作只能加强，不能削弱；只能前进，不能停滞；只能积极作为，不能被动应付。要创新思想政治工作的方式方法，处理好点、线、面的关系，既加强面的广覆盖、线的分类指导，又注意把工作放到每个点上，“一把钥匙开一把锁”，提高做好思想政治工作的本领。

二、深刻领悟工会组织的政治责任

引导职工群众听党话、跟党走，巩固党执政的阶级基础和群众基础，是工会组织的政治责任。2023 年 10 月 23 日，习近平总书记在同中华全国总工会新一届领导班子成员集体谈话时指出，要加强思想政治引领，做好职工思想政治工作，教育引导广大职工坚定不移听党话、跟党走，确保工人阶级始终是我们党最坚实最可靠的阶级基础。

中国工会是中国共产党领导的工人阶级群

众组织，政治性是工会组织的灵魂，是第一位的。回顾党领导的百年工运史，工会始终坚持在党的领导下开展工作，把团结凝聚职工、教育引领职工作为首要任务，成为党团结带领人民完成各个历史时期中国革命和建设任务的最可信赖的力量。

“党有号召，工会有行动。”当前，我国正在为实现伟大梦想进行伟大斗争，各级工会要充分认识做好新时代职工思想政治工作的重要意义，深入学习宣传贯彻党的二十大精神，持续深化“中国梦·劳动美”主题宣传教育，进一步完善职工思想政治工作的体制机制，不断丰富内容供给、创新工作载体，积极扩大职工参与率和受益面。要高度重视产业工人、青年职工、新就业形态劳动者等不同群体的思想政治工作，及时准确把握职工的思想脉搏、心理动向，以及职工群众关注的热点、焦点问题，坚持守正创新，以党的创新理论武装职工、以先进文化培育职工、以正确舆论引导职工、以高尚精神感染职工、以真诚服务赢得职工，不断增强思想政治工作的针对性、实效性，切实提升思想政治工作的影响力、感染力，让思想政治工作更有温度、更有力量，以扎实有效的思想政治工作巩固党执政的阶级基础和群众基础。

三、思想政治工作面临的新挑战

在长期的思想政治工作实践中，中国共产党不断总结经验、把握规律，形成了一整套行之有效的思想政治工作方法。但随着时代的变迁和社会的发展，职工思想政治工作出现许多新特点。中国特色社会主义进入了新时代，思想政治工作的对象、内容和环境等方面都发生了很大改变，特别是随着改革开放的不断深入和社会主义市场经济的不断发展，我国的社会经济结构变了、生产生活方式变了，人们的思想更加开放多元，思想政治工作面临着许多新情况、新挑战，必须适应时代的新发展、新变化，不断与时俱进，改进创新。当前，职工思想政治工作面临的挑战主要包括以下几个方面。

（一）多种社会思潮并存使凝聚职工思想共识的难度加大

每一个社会、每一个时代都有自己的主流价

值观。用党的创新理论武装职工头脑，是当前我国思想政治工作的重要任务。伴随我国经济社会环境的不断发展，多种社会思潮并存并对职工产生影响。特别是在改革开放和社会主义市场经济的大背景下，我国职工队伍结构深刻调整，职工思想更加多元，利益诉求更加复杂，职工思想的自主性、选择性、差异性特征更加明显，这一方面活跃了职工思想，有利于提升社会文化水平、促进科学知识传播，但另一方面也造成拜金主义、享乐主义、极端个人主义等资产阶级思想观念在一些职工群众中产生影响，不利于社会主义先进文化的发展，使一部分职工产生贪图享乐、好逸恶劳等不良心态。

这些问题的出现，要求开展职工思想政治工作必须加强对党的创新理论的宣传宣讲，加大用习近平新时代中国特色社会主义思想凝心聚魂的工作力度，有针对性地回答职工思想上存在的各种理论问题，积极回应各种理论挑战，提高马克思主义理论的战斗力。

（二）多元职工利益诉求加重职工思想政治工作任务

当前，我国改革已经步入深水区。改革不断深化的过程，就是社会利益关系不断调整的过程。在此改革的关键阶段，特别需要思想政治工作的保驾护航，特别需要筑牢全社会共同的思想基础。与此同时，越是在这个时候，社会矛盾越是集中凸显、职工思想越是复杂、社会心理越是敏感脆弱，职工思想政治工作不可避免地会遇到更多、更大的难题。比如，在我国社会主义市场经济发展过程中，有的职工在心理上产生相对剥夺感，他们的情绪迫切需要有效的疏导。又如，关于教育、医疗、住房、环保等一系列民生热点问题，可能会造成有的职工的心理困惑。解决这些深层次的思想认识问题，归根结底要靠发展，更要靠强有力的思想政治工作发挥“减压阀”、“疏导器”作用。

把职工的思想做通、情绪理顺，提高对党和国家政策的认识，客观看待社会经济发展问题，既是当前开展职工思想政治工作的重点，也是难点。

（三）走好网上群众路线成为职工思想政治工作的重大课题

传统思想政治工作的方式以灌输为主，行政化色彩较浓，内容供给不够丰富，方式方法相对单一，对职工群众特别是新生代职工的吸引力不强、效果不佳。要做好职工思想政治工作，必须深入研究职工心理特点，创新方式方法，做到与时俱进。

随着以互联网、手机为代表的现代传播技术的普及，一个高度信息化的时代已经来临。在这个时代，思想观念的传播渠道更加多样、范围更加宽广、速度更加快捷，这既为我们做好职工思想政治工作创造了有利条件，也对我们加强和改进职工思想政治工作提出了新的要求。从有利的一面看，互联网成为职工学习生活的新空间，成为职工获取信息的主渠道，还极大提升了思想政治工作的效率。比如，湖北省大型央企、国企集聚，工程项目和职工队伍遍及全国乃至全球各地，过去大家只能靠一种思政模式、一套思政方法，思想政治工作的覆盖面和影响力都难以达到预期效果。有了互联网，情况就不一样了，大家可以利用网络开展网上职工思想政治工作，辐射再庞大、再分散的职工队伍都不是问题。但从另一面来讲，互联网也成为境外敌对势力进行意识形态渗透的主渠道，一些境外敌对势力运用深度合成和匿名通信技术规避平台审查，组织职业写手编写有害信息，对我国国家安全产生危害。可以说，互联网已经成为职工思想政治工作的前沿阵地和主战场，走好网上群众路线已经成为新时代职工思想政治工作的重要渠道。不占领互联网阵地，最终将失去职工群众。

此外，随着数字经济、平台经济等新业态蓬勃兴起，部分行业性、局部性劳动关系风险加大，新经济、新业态用工不规范引发的矛盾逐步增多，对数量庞大的新就业形态劳动者进行思想政治引领也成为各级工会面临的紧迫课题。

四、工作基础与有利条件

（一）厚重的文化基因

湖北自古就是文化昌盛之地。楚国八百年，孕育了辉煌灿烂的荆楚文化，其中蕴含着的“筚路蓝缕”的进取精神、“抚夷属夏”的开放精神和"鸣将惊人"的创新精神，至今仍是激励湖北人进取、开拓、创新的优秀精神传统，这也正是激励湖北工会人长期孜孜探索职工思想政治工作规律的动力源头。

湖北自古尊师重教，科教资源富集、人才荟萃，是名副其实的教育大省，具备良好的思想政治工作人文基础。近年来，湖北省委将高校思政工作作为一项战略工程，创新推出学生思政、教师思政、课程思政、实践思政、环境思政"五个思政"，积极构建全员育人、全程育人、全方位育人"三全育人"大思政体系，为做好新时代职工思想政治工作积累了宝贵经验、提供了示范样板。

湖北宣传思想工作蓬勃发展、"荆"彩纷呈。近年来，湖北宣传思想文化战线深入学习贯彻习近平新时代中国特色社会主义思想，持续唱响主旋律，不断弘扬正能量，为建设新发展格局先行区提供了坚强思想保证和强大精神力量。不断夯实理论基础，湖北打造的电视理论节目《改变中国的真理力量——〈习近平谈治国理政〉第四卷学习辅导公开课》节目，用身边故事、权威数据娓娓道出真理的力量，全网总传播量超 4.5 亿次……湖北出台“十四五”文化产业发展规划，加快建设国家文化大数据华中分平台，长江文创产业园建成开园，展现出欣欣向荣、百花竞放的喜人景象，不断书写推动宣传思想工作强起来的“荆”彩篇章。

（二）丰厚的工运资源

湖北是中国革命的红色沃土，是中国工人运动的重要发祥地之一，具有做好职工思想政治工作的天然红色基因。在中国共产党的领导下，以武汉为中心的湖北工人运动，在中国工运史上占有举足轻重的地位，创造了多个中国乃至世界工运史上的第一：第一个地方总工会、第一批工人杂志、第一批工运调查报告、第一个工人党员、第一次收复租界、第一次承办国际性工运大会等，在中国工运史上留下了浓墨重彩的一笔，谱写了可歌可泣的壮美篇章。

在党的创建时期，湖北工人阶级掀起“位居全国前列”的罢工潮，以汉口江岸为后期指挥和运动中心的京汉铁路工人大罢工，将全国工人运动第一次高潮推向顶点。大革命时期，在北伐军进军湖北的战场上，活跃着湖北工人阶级奋力支援和策应的身影。在工人运动发展的历史进程中，湖北地区群英荟萃，涌现出董必武、陈潭秋、李汉俊、林育南、项英、许白昊、张浩、施洋、林祥谦、张金保等一大批杰出领导者和英雄人物，刘少奇、李立三、罗亦农、苏兆征、邓中夏、向警予、王荷波等一批工运领袖和活动家来到武汉，参与湖北地区工人运动的领导工作，成为工人群众的贴心人、工人运动的探索者和领航人。他们中的很多人在党的教育引导下，从普通工人成长为工人运动的领导者，不少人为革命斗争献出了宝贵生命。

历史是最好的教科书。在中国共产党的革命斗争中，湖北工运先辈留下了一批彪炳史册的遗迹旧址。目前湖北省保存较完好的工运旧址共有21处，其中武汉13处、黄石4处、黄冈1处、恩施1处、孝感1处、荆州1处，形成了湖北独特丰厚的红色资源宝库，这也是湖北做好新时代思想政治工作的重要载体。

（三）宏大的产业工人队伍

湖北省产业体系健全，劳动力资源丰富，是

我国近代工业的发祥地、全国重要的老工业基地之一。目前，湖北省工会会员达到1100多万人，产业工人队伍庞大，截至2023年底，全省技能人才、高技能人才总量分别达到993.94万人、307.39万人，湖北省规模以上工业企业达到19240家。

当前，湖北正在实施现代化产业体系建设行动，围绕光电子信息、新能源与智能网联汽车、生命健康、高端装备、北斗等五大优势产业布局，为努力打造具有全国辐射力和国际竞争力的优势产业集群提供有力科技支撑。五大优势产业涵盖了两个国家级先进制造业集群、两个国家级制造业创新中心以及一个国家实验室、六个湖北实验室等创新资源，是湖北省科研人才最集中、科创平台最多、技术力量最强的领域，也是最能在国家所需中体现湖北所能的关键领域。根据规划，到2025年，湖北电子信息、汽车、生命健康产业规模将突破万亿元，高端装备产业规模将达到5500亿元，北斗产业规模将突破1000亿元。通过五大优势产业规模实力的提升，带动湖北制造业产值迈上七万亿元新台阶，以五大优势产业突破性发展带动地区产业能级提升，为建设全国构建新发展格局先行区提供坚实的产业支撑。国企、央企云集湖北，产业工人数超千万，越来越多优势产业蓄势发力向世界级集群进军，对做好新时代职工思想政治工作提出了新的更高要求。

第二章

“1+N”工作法的探索历程

党中央对做好新时代职工思想政治工作的要求非常明确，强调要突出抓好教育引导、舆论宣传、文化熏陶、行为实践、制度保障五个方面的工作。如何让党中央的这一要求和部署在湖北落地见效？近年来，湖北省总工会坚持守正创新，大胆探索实践，形成“1+N”工作法，扎实推进职工思想政治工作品牌矩阵建设取得丰硕成果。

一、思想政治引领贯穿工作全过程

工会工作的对象是职工，而职工是有思想的，职工的思想统一了，开展工作才能事半功倍。在长期的工会工作实践中，湖北省总工会充分体会到职工思想政治工作具有统领性、牵引性，是“火车头”、“牛鼻子”工程，这项工作抓好了，其他工作就迎刃而解了。为此，湖北省总工会积极倡导“全会抓思想政治引领”的意识，强调所有工会干部都要绷紧思想政治工作这根弦，无论是谋划工作还是推进工作，无论是开展技能提升还是维权服务活动，在履行工会基本职能的各项业务工作中，最终都要落脚到引领职工上来；强调不能单纯地就业务工作谈业务工作，也不能单纯地就思想政治工作抓思想政治工作，要把思想政治工作全面融入各项业务工作之中，在服务职工中引领职工，不断强化“大思政”理念，着力构建“大思政”格局。

湖北省总工会做示范、当表率。在湖北省总工会主办的各项活动中，均精心凝练具有思想政治引领内容的鲜明主题。如开展全省高校“教工杯”羽毛球比赛，冠以“强健体魄、展示风采、建功荆楚、圆梦未来”主题；举办单身职工联谊活动，冠以“相约南望山、奋进新征程”主题；启动全省双“百千万”劳动和技能竞赛，以“千帆竞发建设先行区、千万职工建功争一流”为主题；举办职工“双创”成果对接活动，以“聚力赋能促发展 启航双创新征程”为主题；举行湖北省第一届“数字工匠”职工技能大赛，以“数聚新动能 建功新时代”为主题，寓教于乐、潜移默化、润物无声。各级工会积极跟进，牢固树立做好职工思想政治引领是工会首要之责的信念，将思想政治引领的元素有力有效渗透到各项工作之中，在湖北省工会系统营造人人参与、人人有责的思想政治工作浓厚氛围。

二、形成共同探索创新良好局面

如何破解新时代职工思想政治工作面临的新挑战？创造在基层，答案在基层。近年来，湖北各级工会、基层组织、广大企业在实际工作中大胆探索，创造了不少务实管用的好经验好做法，但由于没有及时发现和总结提炼、宣传推广，这些创新创造深藏闺中人未识。而将基层工会组织在实际工作中创造的好经验好做法上升为可复制、可推广的工作模式，是湖北省总工会的政治责任和使命。为此，从 2020 年起，在全国总工会和湖北省委的坚强领导下，湖北省总工会统筹谋划、深入思考、主动破题，启动了新时代职工思想政治工作创新案例征集展示活动，取得了超出预期的良好成效。

（一）深入调研，挖掘基层经验总结工作模式

加强新时代职工思想政治工作，不是从无到有、另起炉灶，而是立足现有基础进行总结升

华，是"吹尽狂沙始到金"的生动实践。

湖北省总工会坚持调研先行，把摸清各地各单位鲜活做法、帮助基层总结提炼作为关键环节，多次深入一线调研，与广大职工面对面交流，与基层工会一道梳理提炼，把思想政治工作的亮点经验从大而全的汇报材料中提炼出来，找到对职工思想触动最大、最能激发精神动力的思想政治工作主线和脉络，再进行深挖细淘，帮助基层找准定位、厘清思路、突出重点、凝练要点，总结提炼出成型的工作模式，推动职工思想政治工作取得新突破。

2021 年，经过上下联动，湖北省总工会总结了第一批五个典型案例，作为工作推广的范式（包括工作模式文字稿、视频及具体做法交流材料等），印发给各地各单位，让全省各级工会宣教干部直观感受职工思想政治工作干什么、怎么干、怎么总结等，增强感性认识。

（二）广泛征集，认真遴选加强分类指导

为更加全面地掌握湖北省职工思想政治工作的创新成果，湖北省总工会于 2022 年 3 月正式下发通知，要求各级工会深入挖掘、总结上报本

地区本单位多年来在职工思想政治工作中不断推进理念创新、手段创新的成功案例，不拘形式、不限数量，只要是本地本单位认可的思想政治工作创新做法、受到职工欢迎且具有一定成效的做法经验均可上报。截至 2022 年 10 月，各地各单位共上报案例 54 件。湖北省总工会严格把关、慎重取舍，对各地上报案例逐一进行了分析，在工作对象上突出产业工人、新就业形态劳动者，在手段方法上突出线上线下结合，在工作内容上突出贴近职工思想情感及各类利益诉求，总结出具有不同代表性的案例范式。

湖北省总工会对各地各单位上报的案例进行了有的放矢的分类指导，帮助各基层单位按照所属类别进行差异化、个性化总结。针对每一类职工思想政治工作案例，做到把职工群体的特点分析透，把职工需求找精准，聚焦本地本单位的资源禀赋、企业文化职工文化特点和优势，厘清工作思路及创新点并进行总结提炼，形成各具特色的工作品牌。例如，针对湖北顺丰工会及时回应职工呼声、加强职工民主管理的做法，总结了搭建线上 + 线下“连心桥”、当好快递员“娘家人”的若干做法；针对武汉市近年来大力推进工运资源挖掘保护利用的特点，总结了发挥工运资源富集优势、打造职工红色思政课堂的独有做法。通过上下联动、精心提炼，最终评选产生了“10+10”案例（十大经典案例 + 十大优秀案例），每一个案例均具有普遍代表性和鲜明时代性，极大地丰富和拓展了新时代职工思想政治工作的内涵和外延。

（三）精彩发布展示，提升思想政治工作感染力

如何把职工思想政治工作创新案例精彩呈现出来，如何把成果发布展示活动真正变成思想政治工作交流的大平台和思想政治工作的大讲堂？这本身就是一项创新性的工作。湖北省总工会精心策划，反复磋商，最终确定以“深入学习贯彻党的二十大精神 思想引领聚伟力 凝心铸魂谱新篇”为主题，用可视化的方式逐一呈现和隆重发布“10+10”案例。

2023 年 1 月 5 日，湖北省新时代职工思想政治工作创新案例展示交流活动在东风公司成功举办，以“视频短片 + 案例讲述 + 颁奖词”的

形式隆重发布“10+10”案例。在经典案例短视频播出后，由一线职工、劳模工匠代表登台介绍经验体会，接着发布精心创作的富含诗意的颁奖词，将全场氛围推向高潮。整场展示交流活动环环相扣、庄重典雅，具有极强的仪式感、沉浸感，让线上线下参与者都深受教育和感染。发布现场气氛热烈，吸引线上20多万人同步观看直播，相关案例引起强烈反响，社会各界好评如潮。线上线下的观众纷纷点赞：“太精彩了！原来思想政治工作可以做得这么生动、鲜活、接地气，真正做到了职工心坎上！”

“10+10”案例内容丰富、循循善诱、润物无声：有对“三个精神”的具象化宣传，有发挥工运资源优势的红色课堂，有为职工思想政治工作注入“心”能量的心理关爱，有以文化人的“云端”文化艺术节，有把读书活动与交通运输相结合的流动思政课堂……一个个有温度、有创意、接地气的案例，如春风化雨般统一了思想、凝聚了人心、增进了感情、活跃了文化、激发了斗志，进一步筑牢了全省职工团结奋斗的共同思想基础。

湖北省基层工会工作者普遍反映，这是一场思想政治工作的艺术盛宴，是筑牢全省职工团结奋斗共同思想基础的有益探索，对进一步做深做实做活新时代职工思想政治工作，形成“比学赶超”的良好氛围，提升工会组织的吸引力和凝聚力，都将具有极大的推动作用。

（四）深化成果运用，促进工作全面活跃

案例展示交流活动后，湖北省总工会编印“10+10”案例汇编供各级工会参考借鉴，并通过中央及省级主流媒体、湖北省总工会自媒体广泛传播，热度持续月余，获得广大网友的留言点赞。同时，湖北省总工会及时对活动进行总结梳理，形成工作专报《把标杆树起来 让工作活起来 一次创新新时代职工思想政治工作的有益探索——湖北工会探索创新职工思想政治工作纪实》报送全国总工会和湖北省委，获得全国总工会领导同志的批示肯定，为湖北省工会守正创新职工思想政治工作提供了有力指导和强大动力。

武汉市总工会把思政讲堂搬到新修缮开放的汉口中华全国总工会旧址纪念馆；宜昌市总工会启动“学习贯彻二十大 凝心铸魂跟党走 团结奋

斗新征程”职工思政课；国网武汉供电公司输电电缆运检分公司根据热播剧《狂飙》改编情景剧登上“廉政微剧场”……各级工会抓职工思想政治工作的认识更加深刻、思路更加开阔、路径更加明晰，各种让职工眼前一亮、怦然心动的思想政治工作纷纷呈现在广大职工面前，职工思想政治引领的吸引力、感染力和覆盖面大大增强。

三、以战略化思维谋工作全局

经过上下联动、不懈探索，湖北省总工会创新推出“1+N”工作法。其中“1”指“一个主题”，即贯彻落实中共中央和全国总工会部署，持之以恒地开展“中国梦·劳动美”主题宣传教育，始终如一地坚持这个主题不动摇；“N”指“N个工作品牌”，即形成“工”字特色的系列工作品牌，包含湖北省总工会直接打造和各级工会打造的若干思想政治工作品牌。

（一）聚焦一个主题，持续广泛开展“中国梦·劳动美”主题宣传教育

2018年10月29日，习近平总书记在同中华全国总工会新一届领导班子成员集体谈话时指

出：要坚持以社会主义核心价值观引领职工，深化“中国梦·劳动美”主题教育，打造健康文明、昂扬向上、全员参与的职工文化。

为深入贯彻落实习近平总书记重要指示精神，近年来，全国总工会每年都要组织开展“中国梦·劳动美”主题宣传教育，传递时代强音、激发奋进力量。2019年，全国总工会举办《中国梦·劳动美——2019五一“心连心”特别节目》；2022年，全国总工会在全国范围启动“中国梦·劳动美——喜迎二十大 建功新时代”主题宣传教育，进一步加强产业工人队伍思想政治引领，为党的二十大胜利召开营造良好的政治和社会氛围。2022年“五一”国际劳动节，全总文工团率先推出一部弘扬劳动精神的精品力作——歌曲《中国梦·劳动美》，歌词从“梦想”和“劳动”入手，进而引申到中国梦和劳动美之间的关系，用艺术形象阐释梦想的可贵和劳动的崇高。2023年，全国总工会印发通知，在全国范围内启动“中国梦·劳动美——凝心铸魂跟党走 团结奋斗新征程”主题宣传教育，要求各级工会围绕学习宣传贯彻党的二十大精神这条主线，组织开展职工喜闻乐见的宣传教育活动，团结动员亿万职工在全面建设社会主义现代化国家新征程上更好地发挥主力军作用。

根据全国总工会的统一部署要求，湖北省总工会始终以“中国梦·劳动美”为不变主题，连续六年举办“中国梦·劳动美”全省职工（网络）宣讲比赛、主题征文活动，成为多年来在湖北省广大职工中具有广泛影响的活动品牌；先后开展了“中国梦·劳动美”全省职工文艺宣讲活动，“中国梦·劳动美”奋进新征程、建功新时代——庆祝“五一”国际劳动节职工文艺会演等活动。近五年来，以“中国梦·劳动美”为鲜明主题，湖北省各级工会开展各类活动超过一万场次，受影响职工达500多万人次，体现出强大的吸引力、凝聚力和影响力。

（二）打造五大工作品牌，形成示范带动效应

近年来，湖北省总工会凸显工会特色和职工文化特征，打造了职工政治思想引领五大工作品牌：一是习近平新时代中国特色社会主义思想宣讲活动品牌。以“中国梦·劳动美”为主题，以《工友》杂志为载体，每年组织开展职工有奖征文比赛，在此基础上开展湖北省职工宣讲比赛，组建湖北省劳模（工匠）宣讲团，深入职工群众开展面对面、互动式宣传宣讲，广泛开展“工”字特色文艺作品征集、优秀作品展演活动，每年深入企业项目工地开展文艺宣讲数十场，建设理论宣讲库（宣讲员、宣讲作品、宣讲视频“三库”），让新时代党的创新理论“飞入寻常百姓家”。二是打造劳模（工匠）等重大先进典型选树品牌。结合“五一”国际劳动节等重要时间节点集中宣传，做好常态化滚动宣传，让劳模（工匠）和各类职工先进典型成为家喻户晓的“明星”。推动湖北省人民代表大会开全国先河，出台《关于大力弘扬劳模精神劳动精神工匠精神的决定》，在全社会营造崇尚劳动、尊重劳模工匠的浓厚氛围。三是打造新时代职工思想政治工作创新案例展示活动品牌。每年征集、评选和展示发布一批基层开展职工思想政治工作的创新案例，总结出一批具有湖北特色、可复制可推广的职工思想政治工作新范式。四是打造职工爱国主义教育示范基地建设活动品牌。联合主流媒体开展湖北工运旧址寻访活动，系统梳理全省工运资源，出台湖北省职工爱国主义教育基地建设管理办法，着力建设一批全省职工爱国主义教育基地。五是打造职工精神文化工作品牌。用好职工书屋文化阵地，广泛开展职工读书活动和各类文体比赛活动，培养职工爱读书、读好书、善读书的习惯，建设昂扬向上的职工文化。

（三）鼓励基层大胆探索，在全省工会系统形成各显神通、各具特色的工作局面

在湖北省总工会的示范带动下，全省各级工会组织持续用力、久久为功，聚焦品牌建设，因地制宜创建了“N”个工作品牌，职工思想政治工作亮点纷呈，推动形成湖北省职工思政工作千帆竞发、万紫千红的生动局面。

基层实践中，各级工会充分发挥主观能动性，紧密结合时代发展的要求和职工特点，坚持线上线下同步发力，把时尚元素引入思想政治工作，用广大职工喜闻乐见的方式方法提升思想政治工作的说服力、感染力、号召力和向心力；坚持“网、微、视、抖”融合，综合运用“明星效应”和“视觉效应”，立体式、全方位创新载体形式，吸引职工主动参与、自我升华；坚持贴近职工需求，把教育引导与提供服务结合起来，从职工反映最强烈的问题入手、从群众最关心的问题入手，两者相互配合、相互促进，切实让思想政治工作接地气、入人心、见实效。

第三章

构建“1+N”工作法品牌矩阵

中共中央、国务院《关于新时代加强和改进思想政治工作的意见》明确指出：坚持守正创新，推进理念创新、手段创新、基层工作创新，使新时代思想政治工作始终保持生机活力。

职工思想政治工作守正创新，中央指方向，落实在基层。近年来，在湖北省总工会“1+N”工作法的示范引领下，各级工会结合各地实际，针对企业和职工特点，大胆探索创新，“一地一品”、“一企一策”打造思政品牌，形成强大工作矩阵，促进职工思政工作精彩纷呈、百花齐放。

一、党建引领促进发展

习近平总书记指出，只有坚持党的领导，工会工作才能方向明确、不走偏路，才能做得有声有色、扎实有效。工会是党领导的工人阶级群众组织，做好包括职工思想政治工作在内的所有工作，都必须始终坚持党的领导、依靠党的领导，始终坚持党建引领、党工共建。

做好思想政治工作，可以从大处着眼，敢为人先、振聋发聩、涤荡人心；也可以从小处做起，精准滴灌、日积月累、浸润人心。

湖北省长期致力于探索创新职工思想政治工作，既有“小切口”的做法，也有“大格局”的突破，两者均把坚持和加强党的全面领导作为根本原则，深度融入党政大局，推动党工组织同心同向、同频共振。

2023 年 5 月 25 日，在湖北省委的坚强领导下，湖北省总工会推动省人大立法取得突破性成效。湖北省第十四届人民代表大会常务委员会第三次会议表决通过了《关于大力弘扬劳模精神劳动精神工匠精神的决定》，并于公布之日起施行。此举为全国首创，标志着湖北职工思想政治工作迈入法制化轨道。

湖北出台全国首个《关于大力弘扬劳模精神劳动精神工匠精神的决定》

立足湖北省产业大省的实际，2022 年底，湖北省总工会在深入基层广泛调研的基础上，回应职工群众关心关切，向省人大常委会报送请示，提请出台《关于大力弘扬劳模精神劳动精神工匠精神的决定》。

在湖北省委的重视支持下，湖北省人大常委会会同湖北省总工会及各有关方面发扬全过程人民民主，加快立法步伐，强力推动落实，促进劳动领域重大事项立法取得丰硕成果。《关于大力弘扬劳模精神劳动精神工匠精神的决定》共十一条，主要包括三个方面内容。一是明确劳模精神劳动精神工匠精神的科学内涵。二是规范重点促进事项，第二条至第四条，对贯彻落实全心全意依靠工人阶级的基本方针、扎实推进产业工人队伍建设改革、建设担当中国式现代化的主力军三个基础性事项提出要求；第五条至第九条，从提高职工职业技能水平、切实维护劳动者合法权益、发挥先进典型的示范引领作用、营造良好的社会氛围、完善政策制度支撑体系五个方面，强调对弘扬劳模精神劳动精神工匠精神的支持、保障。三是明确县级以上人大常委会监督劳动和工会领域法律法规全面实施。

《关于大力弘扬劳模精神劳动精神工匠精神的决定》在荆楚大地上发出了建功新时代、奋进新征程的宣传号召，进一步增强了对广大职工群众的凝聚力、引领力，为谱写中国式现代化湖北篇章汇聚起更大的磅礴力量。

劳模精神、劳动精神、工匠精神既是中国共产党人精神谱系的重要组成部分，也是新时代工人阶级最闪亮的精神标识。湖北省为“三个精神”立法，是最广泛、最鲜活、最有力的思想引领。

《关于大力弘扬劳模精神劳动精神工匠精神的决定》公布后，全网广泛传播，舆论普遍关注，引发热烈讨论，形成热点话题，极大促进了“三个精神”深入人心，在荆楚大地落地生根。湖北省各级工会积极争创弘扬“三个精神”的工作品牌，形成了“比学赶超”的良好工作局面。武汉市开通“劳模号”地铁专列，在重要路段楼盘打造主题灯光秀；襄阳市打造“一街（劳模街）、一路（工匠路）、一车（勤廉车）、一室（流动劳模创新工作室）”；宜昌市五一劳动广场建成揭牌，数字劳模工匠馆正式上线；恩施州开通首条“劳模号”公交专线；东风公司打造劳模专属停车位……全省上下掀起学习劳模、崇尚劳动、尊重创造的滚滚热潮，促使做好新时代职工思想政治工作的抓手更加丰富、活力更加迸发。

此外，湖北省也有大量“小切口”的做法，均取得了良好的思想引领成效。例如，湖北省利川市经济开发园区推出“四同”共建。针对园区一批小微企业人数少，难以单独成立党组织和工会组织的实际，利川市经济开发园区党工委与利川市总工会联手，提出了“同组建、同培训、同活动、同帮扶”的工作举措。2022 年底开发区党工委与市总工会一起开展“送温暖活动”，慰问园区 384 名职工，还有效化解了三起劳动纠纷。通过利川市经济开发园区党工委与利川市总工会的工作，这些小微企业务工人员过去那种“没娘家人”的心态慢慢消失了，“党的温暖”也从口号变成了“体感”。又如，襄阳市襄州区从外卖骑手工会会员中选聘“商圈治理监督员”直通商圈党委。2023 年 6 月 21 日，襄阳市襄州区委组织部、区总工会依托职工爱心驿站联合开展“民发商圈新就业形态劳动者集体生日聚会”，宣布从外卖骑手（工会积极分子）中选聘 10 名

“商圈治理监督员”直通商圈党委、工会，他们有权“随时向商圈党委或工会反映问题”。这一做法打破了过去那种新就业形态劳动者游离于党工组织之外的局面。对于这些新就业形态劳动者来说，过去，他们感觉自己是“浮萍”，漂到哪里算哪里；现在，他们终于有了“根”。

巩固党执政的阶级基础和群众基础是新时代职工思想政治工作的根本任务。衡量“工建”的成果，不仅要看有多少职工被吸纳到工会组织中来，看搞了多少维护和服务的活动，更要看工作是否服务于“党建”，是否夯实了党执政的阶级基础和群众基础。这也成为湖北工会的普遍共识。

二、围绕中心服务大局

习近平总书记在党的二十大报告中指出：从现在起，中国共产党的中心任务就是团结带领全国各族人民全面建成社会主义现代化强国、实现第二个百年奋斗目标，以中国式现代化全面推进中华民族伟大复兴。

党的十八大以来，湖北工会始终围绕中心、服务大局，把思想政治工作放到大局中去思考和谋划，各基层工会组织积极履行职责，结合各自实际，看准方向、选准支点、把握节奏、加大力度，共同推进中华民族伟大复兴。

作为大型央企，东风汽车集团有限公司（以下简称东风公司）工会紧紧围绕企业转型升级大局，结合产业工人特点，以产业技能提升为导向，大力实施赋能提质工程，深化产业工人队伍思想引领，持续唱响“匠心造车、技能报国”主旋律，助力汽车产业高质量发展。

东风公司：匠心造车，技能报国

第一，厚植沃土育匠心。东风公司党委每年专题研究技能人才队伍建设工作，将高技能人才占比、东风工匠、一级高技能专家人数和公司级技能阵地建设等指标纳入公司“十四五”人才规划。深化“双培工程”，加大技能人员党员占比，消除无党员班组。公司工会将推进技能人才建设工作目标进行量化，实现集团及直属工会推进活动全覆盖。以弘扬劳模精神、劳动精神、工匠精神为重点，每两年评选一次“东风十大工匠”，给予工匠人才物质及待遇奖励。创建劳模大道、劳模班、劳模线、劳模厂，广泛开展寻找"最美东风人"、"最美班组"等活动，激发职工"比学赶超"热情。

第二，润物无声铸匠才。出台《东风公司技能人才激励指导意见》，完善职工工资与岗位等级、能力评估、业绩关联的薪酬体制，探索并实践核心技术工人市场化定薪和参与员工持股。畅通成长成才通道，形成"三层七级"技能人员发展体系。着眼于汽车行业"五化"以及智能网联、新能源汽车发展，强化技能转型升级。升级"东风V学苑"数字化学习平台，打造"平台+内容+服务"一体化学习产品，输出内部课程2395门，线上学习56万人次。推进新型"师带徒"，实施"卓越班组长计划"，多措并举提升培训实效。

第三，赋能提质出匠品。以"卓越东风、世界一流"企业愿景激励职工岗位建功，大力开展"争先进位挑大梁、苦干实干保目标"主题劳动竞赛，集团职工参与率达100%。以"品质、智慧、和悦"新时代东风价值观为牵引，广泛开展合理化建议、"五小"等群众性改善创新活动。

东风本田 NHC 改善活动吸引员工参与率达 95% 以上。以强化自主创新、推动自主品牌向上发展为核心，坚持每年举办科技创新周、职工创新成果评选等活动。

企业好，职工才好；企业兴旺发达，国家才能强盛不衰。东风公司的做法充分说明：做好思想政治工作，一定不能脱离企业发展大局，同时要抓住职工的最大需求点。东风公司通过卓有成效的思想引领工作，建立了一支听党话、跟党走，作风过硬、技能精湛、业绩一流的高素质产业工人队伍，为促进公司高质量发展、实现赶超跨越提供了根本保证。截至 2023 年，东风公司拥有“中华技能大奖”获得者、享受国务院政府特殊津贴专家、全国技术能手等高技能专家 251 人，高技能人才比例由 12% 提升到 20%。2023 年 7 月，全国劳动模范、工匠人才王建清当选为湖北省总工会兼职副主席。

三、以文化人润物无声

一定社会的文化环境，对生活其中的人们产

生着同化作用，进而化作维系社会、生生不息的巨大力量。要化解人与自然、人与人、人与社会的各种矛盾，必须依靠熏陶、教化、激励作用，发挥凝聚、润滑、整合作用。

2015 年中央党的群团工作会议之后，各群团组织积极调研，努力破解“群团改革”命题。就职工思想政治工作，湖北省总工会定下一项重要改革措施——践行“以文化人”理念，并将其写进每年全省工会宣传思想工作要点之中。经过几年探索实践，坚持以文化人、以文育人的做法日趋成熟，成为全省工会工作的共识。其中，湖北省交通运输厅广泛开展“书香交通 文化同行”活动、国网湖北省电力有限公司精心塑造劳模文化等系列做法，在全省发挥了标杆引领作用，形成了优质的文化品牌。

针对交通运输行业点多、线长、面广及条块管理，交通一线职工大都处于“三远离”（远离城镇、远离机关、远离家庭）的状况，着眼读书活动可以作为拉近时空、碰撞思想，浸润心灵、稳定队伍的有效抓手，湖北省交通运输厅于 2018 年成立交通读书活动领导小组，对交通思政工作、文化建设进行系统规划，以“书香交通 文化同行”为主题，以“月月推新书、季季有书评、人人爱读书、大家来分享”为目标，通过实施推荐一批好书、办好一个讲堂、组建一个微信群等“十个一”行动计划，打造交通文化硬品牌。

湖北省交通运输厅：
让读书活动成为“流动的思政课堂”

第一，搭建线上共享平台。组建网络读书群组——湖北交通书香文化群，覆盖厅处级干部以及公路、水路、高速公路等各个岗位基层一线职工 300 余人。安排专人“每日推送一篇文章、每日上传一本听书、每日分享一篇心得”，使职工摆脱场所、时间、方式的限制，构建线上“博览群书”，形成便捷高效的阅读链条。

第二，搭建线下互动平台。按照时政类、历史类、修身类、业务类、励志类五条线，每月推书评书四本至八本，从《习近平新时代中国特色社会主义思想学习纲要》到《深入学习贯彻习近平总书记关于工人阶级和工会工作的重要论述》，从《新百年新中国》到《中国新基建》，从《中国智慧》到《改革开放与中国交通运输发展》，形成了职工进行系统学习的“百科全书”。在此基础上，探索实施职工书屋覆盖工程，先后建成全国总工会、湖北省总工会职工书屋示范点14个，基层示范职工书屋、职工阅读便利点、劳模书架83个。

第三，搭建读书分享平台。以现场读书会为桥梁，构建“一期一主题、一题一书目、一书一分享”读书会长效机制。近年来，湖北省交通运输厅先后举办了以“变革与启示——我谈改革开放40年”、共读“新中国70年”、“以史为镜、以史明志，知史爱党、知史爱国”、“文化与人生”、“‘中国文化’我读你听”等为主题的读书分享会。读书分享会还走进武黄、京珠等高速一线工作地点，邀请收费、路政等一线职工分享感悟，聚焦“交通强国 先行有我”主题，号召广大职工担负时代之责，着力打造湖北综合立体大交通体系。

经过多年实践，湖北省交通运输系统形成了“好读书、多读书、读好书”的良好风气，迸发出“奋进新征程、建功新时代”的蓬勃生机，为实现湖北交通高质量发展提供了强大的政治保障和思想支撑。

国网湖北省电力有限公司（以下简称为湖北电力）的做法则另辟蹊径。该公司厚植独具特色的劳模文化，以此加强职工思想政治引领。近年来，湖北电力先后产生全国劳模 17 人（其中两人被列为全国重大典型），全国五一劳动奖章 39 人，省部级劳模及省五一劳动奖章获得者 386 人。为充分发挥电力劳模“群星”效应，公司工会精心打造劳模文化，用劳模的干劲、闯劲、钻劲鼓舞人，引导和激励企业干部职工争当新时代奋斗者，为做强做优做大国有企业提供了强大精神动力。

湖北电力：厚植劳模文化　凝聚实干力量

第一，可持续的劳模选树。自 2008 年起，公司每两年评一次劳模。出于可持续的考虑，从 2021 年起，公司劳模改为一年一评。公司梳理 34 项综合类荣誉和 105 项专业类荣誉的申报条件、授奖周期和荣誉级别，明确劳模及后备人才的评选范围和申报条件，实现劳模选育与专业荣誉管理的一体化。同时，公司设立劳动竞赛、职工技能运动会、班组长论坛等“擂台”，给不同层级、不同岗位的职工创造登台竞技、脱颖而出的机会。2021年至今，公司评选出的劳模中超过80%来自一线班组，评选标准更加倾向于一线职工。

第二，接地气的劳模宣传。在宣传党的十八大代表、全国劳模左光满期间，宣传组到他服务的城镇居民中深入调研。有群众说“他是电保姆”，有群众说“他有求必应，就是个电观音”，更多的群众说“他不就是我们老百姓的电工吗”？于是，“百姓电工”的称谓由此叫响。“智慧电工”娄先义、“科技尖兵”阮羚、“贴心电工”林丽、“禁区勇士”胡洪炜等一批耳熟能详的劳模，其职业特质与职工群众发自内心的赞誉高度契合。湖北电力注重以文化人，组织创作文艺作品诠释劳模精神。微电影《梅坪故事》，情景剧《光满人间》、《赤子匠心》、《山的女儿》，小品《丈夫的秘密》、《心灯》等，在系统内外多次展演，职工看着倍感亲近。

第三，可辐射的劳模效应。公司注重发挥劳模的辐射带动作用，将劳模打造成岗位领军者、专业带头人、攻坚排头兵。一个左光满，带出一批“党员服务队”；一个阮羚，带出一批“技术尖兵”；一个胡洪炜，带出一批“鄂电先锋”……2020 年全国劳模表彰大会期间，仅五名全国劳模出席国新办记者见面会，胡洪炜是其中之一；2021 年 9 月 13 日人民日报《论中国共产党人的精神谱系》评论员文章列举了新时代九位全国劳模，胡洪炜是其中之一；2022 年 11 月，胡洪炜与新中国第一代劳模时传祥等一并被列为新中国六位劳模典型代表，在央视纪录片《根脉——劳模精神》中播出。

经过长期的劳模文化熏陶，湖北电力职工学赶劳模榜样、勇当“鄂电铁军”的干事创业热情被充分激发，为加快建设具有中国特色国际领先的能源互联网企业提供了源源不断的精神动力。

四、红色基地传承党魂

习近平总书记指出，红色资源是我们党艰辛而辉煌奋斗历程的见证，是最宝贵的精神财富。中国现代工人运动是在党的领导下发展壮大起来的，在百年历程中留下了一大批铭刻中国工运光辉历程、蕴含宝贵精神财富的红色工运资源。用心用情用力保护好、管理好、运用好红色工运资源，对于充分发挥其在职工思想政治引领中的独特作用具有重大理论意义和实践意义。

湖北工运历史悠久、资源丰富，具有开展职工思想政治引领工作的先天优势。2019 年，在新中国成立七十周年之际，湖北省总工会着手进一步挖掘湖北工会红色基因资源相关工作，并提出“要继承革命传统，将红色基因植入新时代工会工作”的要求。2022 年至今，湖北省总工会加大系统谋划力度，深入做好史料挖掘整理和打造职工爱国主义教育基地工作，取得了系列成果。

2022 年 8 月 12 日，湖北省总工会联合湖北日报传媒集团、《党员生活》杂志启动湖北工运旧址寻访活动，由媒体记者、青年工人、各地劳模工匠等组成寻访团，深入旧址、遗迹、纪念馆等进行深入采访报道。寻访活动历时 10 个月，行程 2500 多公里，共有 56 人次参与实地寻访活动，22 位劳模工匠等先进人物发表寻访感言，共寻访 21 处保存较完好的工运遗迹，已在《党员生活》杂志及新媒体平台推出“文字 + 图片 + 视频”的全媒体报道 14 期，报道文字近七万字。

2023 年 5 月，湖北省总工会印发了《湖北省职工爱国主义教育基地命名管理办法》，明确每两年评选一次，并将于年内评选出第一批省级职工爱国主义教育基地，着力打造一批具有代表性、影响力的职工思想政治引领生动课堂；同年 7 月，在湖北省工会第十四次代表大会召开之际，湖北省总工会精心编印《红色记忆 巍巍丰碑——湖北工运旧址寻访报道与湖北工运代表人物事迹合辑》一书，书稿共 11 万字，受到与会代表和职工群众的好评。同时，在挖掘大量工运史料、梳理湖北工会百年发展历程的基础上，湖北省总工会联合专家团队正在编撰《湖北百年工会图册》全媒体图书，计划公开出版。在湖北省总工会的示范引领下，各地工会积极挖掘红色工运资源富矿开展职工思政教育，形成了良好工作局面。其中，武汉市的做法具有代表性。

武汉是中国工人运动的主要发源地之一，曾三次成为全国工人运动中心，四次掀起工人运动高潮。1922 年 7 月，全国第一个地方性质的工会组织——武汉工团联合会成立，为维护劳工权益、支援北伐革命、发动工人斗争作出了重大贡献。1926 年 10 月至 1927 年夏，中华全国总工会迁至武汉，领导全国工人运动。汉口中华全国总工会旧址成为中国革命史、中共党史、中国工运史的重要见证。

2022 年以来，武汉市总工会开展全市工运红色印迹寻访活动，并打造职工“红色思政课堂”教育实践系列活动，通过沉浸式体验、互动化学习，充分发挥红色文化资源的育人功能，团结引领广大职工从党领导的百年工运历史中汲取智慧和力量，传承红色基因、赓续红色血脉，为奋力打造新时代英雄城市贡献工会力量。

武汉：红色基地——挖掘资源 赓续血脉

第一，全面盘活工运资源“富矿”，着力打

造红色教育矩阵。多年来，武汉市总工会加大对红色工运遗址遗迹的保护和修缮力度，取得了重大成果。2021 年，武汉二七纪念馆被全国总工会命名为第一批全国职工爱国主义教育基地；2022 年 11 月 17 日，汉口中华全国总工会旧址纪念馆正式开馆，同日被全国总工会授予第二批全国职工爱国主义教育基地，成为武汉红色革命教育的两大地标。以纪念馆开馆为契机，武汉市总工会选出在中国工运史上影响重大、代表性强、知名度高，现有设施建设和保护利用较好的八个场馆，作为首批武汉职工思想政治教育示范点，受到广大职工群众点赞。

第二，精心筹建汉口中华全国总工会旧址纪念馆，激励新时代工人阶级坚守初心勇担使命。2016 年，武汉市总工会正式启动了恢复汉口中华全国总工会旧址纪念馆的筹备工作。2019 年 2 月，经中共中央办公厅、国务院办公厅批准，汉口中华全国总工会旧址纪念馆建设工作正式启动。纪念馆展陈内容紧扣“中华全国总工会在武汉”主题，以 1926—1927 年中华全国总工会在武汉期间的工运历史发展为脉络，以中华全国总工会指导各地工运斗争历史为主轴，锚定历史大事件，通过239件展品、458幅文照，全面立体再现大革命时期在中国共产党领导下的工人运动波澜壮阔的历史。

第三，组织开展红色系列主题实践活动，以优良作风奋进新征程、建功新时代。武汉市总工会积极推动“职工思政教育示范点+课堂一体化”建设，通过开设案例式、体验式、互动式、专题式教学等多种课堂方式，引导广大职工群众接受红色经典教育熏陶。截至目前，线上线下参观、打卡武汉职工思想政治教育示范点的职工人数逾60万人次；立足红色基地开展的职工思政课堂走进长江日报演播中心，18万余人次线上观看。

当前，湖北全省上下正立足新发展阶段、贯彻新发展理念，努力建设全国构建新发展格局先行区。红色工运故事和工运精神，永远是激励湖北职工群众砥砺前行的强大力量。

五、网聚职工与时俱进

2015 年，《中共中央关于加强和改进党的群团工作的意见》指出，群团组织要提高网上群众工作水平，实施上网工程，建设各具特色的群团网站，推进互联互通及与主流媒体、门户网站的合作。加强网宣队伍建设，综合运用维权热线和网络论坛、手机报、微博、微信等新媒体平台进行网上引导和动员。

为深入贯彻落实中央党的群团工作会议精神，湖北省总工会立即组成调研专班，由两名党组成员、副主席带队，到全国重点省份进行学习交流，形成《工会网络信息化工作调研报告》。湖北省委领导听取专题汇报后，立即选择在宜昌市进行试点，开办全省工会宣传网信干部培训班，全面启动湖北工会网络信息化工作改革。由于湖北工会先行一步，2016 年 9 月 27 日，全国“互联网 +”工会普惠性服务现场推进会在宜昌召开，对湖北试点表示肯定。之后，湖北各基层工会运用网络手段创新思想政治工作的尝试不断，成效凸显。在此方面，中国信息通信科技集团有限公司（以下简称为中信科）的做法引领时代之先，具有典型代表性。

上市公司干部队伍通常讲究的是精干高效。中信科集团工会专职干部人数不足10人，要承担数万名职工的思想引领任务，按过去的老套路，肯定行不通。

2015年，习近平总书记在中央党的群团工作会议上的重要讲话，为中信科集团指明了方向。中信科集团高科技人才众多，集团工会迅速开发出了以应用数据为基础，集合手机App、互联网机顶盒、运营管理系统等模块的智慧工会信息网络平台“信科视界”（前身系“悠趣平台”）App。公司用一个App平台，抢占了“三屏”，即手机屏、电视屏、电脑屏阵地。

中信科：网聚职工、趣学悦动

中信科是国务院国资委直接管理的信息通信高科技中央企业。针对公司工会人数不足的问题，中信科开发了集合手机App、互联网机顶盒、运营管理系统等模块的智慧工会信息网络平台“信科视界”，有效提升了服务职工的效率。

第一，人少事多倒逼运用“网络手段”。为了引领职工树立“三个精神”，“信科视界”App里开办了“网上企业电视台”，把职工身边劳动模范、技术能手等的事迹录制成鲜活立体的视频节目，通过手机端和电视盒子中的“网上企业电视台”进行播放，用身边人的事迹鼓舞职工。线上平台以强化产业工人创新能力为着力点，组织产业工人踊跃参加线上岗位练兵、技术交流等活动200余场。目前，集团每年借助网络平台组织职工参与劳动和技能竞赛活动，竞赛成果则作为推荐劳动模范、五一劳动奖章、荆楚工匠的重要依据。

第二，网络电视节目由职工主持讲职工的故事。“网上企业电视台”的《一周见闻》栏目，每周向全体员工播报公司一周以来的重要新闻。其中，《烽火人的一天》等栏目展现职工丰富多彩的工作和生活，深受广大职工的喜爱。这些节目全都是由职工们轮流制作的。节目内容由各部门收集后向宣传部门推荐，宣传部门统一进行评审，加强“政审把关”。由职工主持，讲职工故事，这种“网络化+群众化”的路子越走越宽。

第三，在愉悦中学习方可持续。公司在“信科视界”里打造了线上学习平台，不断更新学习课程。例如，将党的二十大精神分解成专题课程，职工随时随地可以学习。推出“习言习语”工会系列、“工运史话”、“每日法典”等专题，上线即受到广大职工的喜爱。为了增强学习的趣味性，激发更多职工主动参与的兴趣。“信科视界”将学习内容分为必修课和选修课，职工学习后可获得奖励积分，可以在线上福利商城进行物品兑换。通过工会的工作，主动到“信科视界”上进行学习已经在中信科职工中蔚然成风。

当前，互联网越来越成为职工学习、工作和生活的新空间，成为职工获取公共服务的新平台，越来越多的职工聚集在网上、活动在网上。职工在哪里，工会组织的手臂就要延伸到哪里。随着数字化时代的到来，利用新媒体新技术是做好新时代职工思想政治工作的必然选择。“信科视界”App 抓住了一个“趣”字，即职工及家属愿意上这个 App。职工参与的过程则是一个“悦”字。职工愉悦地在云上学习、云上议事、云上开展各项活动，工会与职工之间的密切联系落到了一个“实”字。通过利用网上平台开展工作，中信科的工会工作实现了极大提升。

六、维权服务固本强基

习近平总书记指出，要坚持以人民为中心的发展思想，维护好工人阶级和广大劳动群众合法权益，解决好就业、教育、社保、医疗、住房、养老、食品安全、生产安全、生态环境、社会治安等问题，不断提升工人阶级和广大劳动群众的获得感、幸福感、安全感。

维护职工合法权益、竭诚服务职工群众是工会的基本职责，也是充分调动职工群众积极性、主动性、创造性的重要保障。做好职工思想政治工作，不能光凭口头说教，必须坚持以理服人与以情感人相结合，做到既讲道理又办实事，在服务引导中加强思想教育。

近年来，湖北工会坚持以职工需求为导向，把解决思想问题与解决实际问题结合起来，不断拓展职工服务新领域，当好职工的“娘家人”、贴心人。深入推进“法院＋工会”诉调对接工作，在全国率先实现市县两级全覆盖，调解案件逾万件，调解成功率超过50%，同时有力推进"人社+工会"裁调对接工作。推出"湖北职工惠游年票"，每年组织五万名以上劳模职工开展疗养休养。推动城乡适龄妇女"两癌"免费筛查项目落实，"工会鹊桥"成为职工信赖的交友平台。突出特殊群体帮扶，深入做好城市困难职工建档立卡和各种救助工作。持续唱好"春送岗位、夏送清凉、金秋助学、冬送温暖"四季歌，特别是做好城市困难职工、新就业形态劳动者的倾情关爱工作。2018年以来，发放工会担保贴息"鄂工贷"7.5亿元，帮助3.5万名下岗离岗职工创业就业。突出服务体系建设，支持各地工人文化宫建设和提档升级，建成运营户外职工爱心驿站1800多家、区域（共享）职工之家432家、爱心母婴室1000家。通过积极构建联系广泛、服务职工的工会工作体系，用心用情用力解决职工急难愁盼问题，让广大职工安心、舒心工作，以服务实效打动人心、温暖人心、凝聚人心。

在此方面，不少企业积极构建"家文化"，

工作有格局、有创举。如湖北省黄冈市的湖北科峰智能传动股份有限公司（以下简称湖北科峰公司）与员工心贴心、同聚力、共成长，专注于打造利益共同体、事业共同体、命运共同体，走出了一条高质量发展之路。

湖北科峰公司：把员工当家人

第一，打造优质工作条件，创造员工专注于工作的环境。为解决员工生活后顾之忧，专注于工作及个人成长，公司投资建设星级标准公寓宿舍，实现员工拎包入住；打造智慧食堂，供应一日三餐和夜宵，六菜一汤只花一元钱；提倡和践行事业家庭双平衡，每季度组织一次相亲活动，有效缓解“理工技术男”婚恋难的困境；着力为员工排忧解难，先后为30多名员工家属解决就业问题，为80多名员工子女解决入学问题。建设标准篮球场、乒乓球场、羽毛球场、职工书屋、人才之家等，组织员工开展各种文体活动，极大地提高了职工的参与度和对企业的认知度。

第二，开展全面教育训练，创造员工成长成才的途径。公司打造“做匠人，做精品”的企业文化，建立完善的培训机制，聘请专职培训专员为员工提供技术、管理知识培训；积极开展名师带徒、班组现场教学活动，为员工学习提供途径；安排先进模范人物进行专题讲座，给新员工以启迪，给老员工以展示；打破论资排辈的窠臼，打通技术员、初级工程师、中级工程师、高级工程师等技术职务逐级晋升通道，拓宽技术人员成才渠道。

第三，广泛开展竞赛及科研活动，创造员工展现才华的舞台。积极鼓励和支持员工参加各类劳动竞赛和技术比武，让员工在竞技场上展现自己的才华。近年来，公司职工高泉、陈新、南海涛、周秀明分别获得全省职工职业技能大赛黄冈市初赛加工中心第一名、维修技工第一名、湖北省带徒名师、湖北省第五届技能状元大赛三等奖等。

通过公司与员工共同成长，一批先进个人脱颖而出，在公司实现了个人梦想。湖北科峰公司也成长为全国最大规模的专业生产精密行星减速机的龙头企业，获得“湖北省智能制造示范单位、湖北省技术创新示范企业、国家专精特新小巨人企业、全国和谐劳动关系创建示范企业”等荣誉。

湖北科峰公司的做法，充分体现了坚持全心全意依靠工人阶级的方针，通过把员工当家人，想职工之所想、急职工之所急、办职工之所盼，把“依靠职工办企业、办好企业为职工”做到了极致。2021 年，湖北省总工会领导高度赞赏该企业是职工思想政治工作的优秀范例。通过与公司员工深入交流，员工们纷纷表示，在科峰公司工作很幸福，愿意为公司发展壮大尽心竭力，愿意在危难时刻与公司共克时艰。

职工群众关心的事、操心的事，就是工会服务工作的方向，也是做好职工思政工作的着力点。进入新时代，工会要顺应职工群众对美好生活的新期待，为广大职工提供普惠性、常态性、精准性服务，从大处着眼、小处着手，满腔热情做好服务职工工作，不断提升维权服务的质量和水平；要注重对职工的人文关怀和心理疏导，在做好物质服务和生活服务的同时提供更高水平的精神和文化服务，让工会在职工需要时看得见、找得到、信得过、靠得住，切实提升职工群众的获得感、幸福感、安全感。

实践永无止境，创新永在路上。本章总结的六大方面的案例只是湖北工会思想政治工作生动实践的一个缩影，是“N”个工作品牌的部分展现，不能概括其全貌。但这些案例也充分证明，职工思想政治工作的作用强大，具有其他工作无法取代的价值和意义；做好职工思想政治工作没有一定之规，没有固定模式，采用不同的形式和载体均有异曲同工之妙；做好职工思想政治工作必须坚持系统思维、多点发力、整体推进，从物质、精神、文化等层面全方位渗透、全链条关怀，把工作做到职工心坎上，积极凝聚人心、汇聚力量，筑牢广大职工团结奋斗的共同思想基础。

第四章

工作重点与关键环节

尽管湖北省各级工会做了大量卓有成效的职工思政工作，积累了一些经验，掌握了一定规律，但这项工作只有进行时，没有完成时，需要工会组织以创新创造的理念，以理性科学的态度，主动超前布局、有力应对变局、奋力开拓新局，以扎实有效的思政工作，厚植职工信念之本，夯实职工思想之基。

我们深刻体会到，推进新时代职工思想政治工作，应重点把握六个字，具体为：正，即坚持正确政治方向；新，即紧跟时代推动创新发展；深，即深入实践调查研究；活，即采用鲜活方法增强活力；实，即着力解决职工实际问题；精，即秉承精细理念服务职工。

湖北省工会做好职工思想政治工作的生动实践，以及总结出的若干典型案例，均从不同侧面体现了“六字诀”要领。只有这样，才能把思想政治工作做到职工心坎上，更好地团结引领广大职工听党话、跟党走，汇聚起强国建设、民族复兴的磅礴伟力。

一、坚持正确政治方向

思想政治工作本质上是政治工作，必须始终把牢正确政治方向，坚定不移贯彻落实党的全面领导这一最高政治原则，坚持不懈用习近平新时代中国特色社会主义思想凝心铸魂，紧扣时代主题唱响主旋律、弘扬正能量，教育引导广大职工始终在思想上政治上行动上同以习近平同志为核心的党中央保持高度一致。

思想是行动的先导，理论是实践的指南。做好新时代职工思想政治工作，要在三个方面持续发力：

第一，在学思践悟上持续发力。坚持用习近平新时代中国特色社会主义思想引领广大职工，牢牢把握意识形态工作主导权，通过理论宣讲、劳模宣讲、演讲比赛、知识竞赛等方式，把“大学习”的课堂搬到工厂车间、生产一线、发展前沿，推动习近平新时代中国特色社会主义思想进企业、进车间、进班组。

第二，在价值引领上持续发力。坚持用社会

主义核心价值观引领职工，全面融入职工生产生活之中，转化为情感认同和行为习惯，加强以职业道德为重点的“四德”建设，积极培育选树“最美职工”和职业道德标兵，大力宣传各行各业职工践行社会主义核心价值观的生动实践和先进典型，引导广大职工树立良好道德、弘扬时代新风。

第三，在弘扬“三个精神”上持续发力。广泛开展“中国梦·劳动美”、劳动创造幸福等主题宣传教育，引领职工崇尚劳动、热爱劳动；加强劳模文化主题公园、五一劳动广场、劳模工匠数字馆等场馆建设，让劳模工匠成为最亮的“星”；加大对劳模工匠等先进人物的选树培育和宣传报道力度，讲好劳模故事、劳动故事、工匠故事，让劳动最光荣、劳动最崇高、劳动最伟大、劳动最美丽在全社会蔚然成风。

近年来，湖北省总工会着力打造习近平新时代中国特色社会主义思想宣讲活动品牌，把学习新思想、弘扬核心价值观、践行“三个精神”融汇其中，推动理想信念教育常态化制度化，取得了良好效果。

一是举办“中国梦·劳动美”全省职工（网络）宣讲比赛活动，激发广大职工爱党爱国爱岗热情。湖北省总工会每年联合省委宣传部、省委网信办举办该活动，已连续举办六年，累计组织各层级工会选拔赛3000多场次，参与职工20多万人，省决赛线上线下观看职工达1000多万人次，多次被省委网信办评为“湖北好网民工程品牌”。职工宣讲坚持站位高、立意新、内容实，要求每位选手结合自身经历和真实感悟，以平实生动的语言，讲述党的十八大以来在习近平新时代中国特色社会主义思想的指引下，党和国家各项事业取得非凡成就，全省广大干部职工自信自强、团结奋斗、锐意进取的精彩故事，通过“小切口”呈现“大主题”，通过“小故事”折射“大时代”，激发全省职工团结拼搏的昂扬斗志，这种活动形式感染力强，令无数观众深受教育和鼓舞，在荆楚大地持续奏响了“劳动光荣、创造伟大”的最强音。

二是开展“五宣五进五讲”活动，掀起学习贯彻党的二十大精神热潮。党的二十大胜利召开后，湖北省总工会迅速组建省劳模工匠宣讲团，持续深入开展“五宣五进五讲”活动，即领导干部宣讲、劳模工匠宣讲、专家教授宣讲、职工文艺宣讲、线上“云”宣讲，推进大会精神宣讲进企业、进车间、进班组、进工地、进社区，通过讲党的二十大精神、讲非凡成就、讲职工关切、讲行业发展、讲奋斗故事，切实推动党的二十大精神在职工中入脑入心、落地生根。据不完全统计，湖北省各级工会共组建1089个劳模工匠宣讲团和小分队，开展宣传宣讲6000多场次，累计覆盖职工500多万人次，教育引导广大职工把思想和行动统一到党的二十大精神上来，心往一处想、劲往一处使，为全面建设社会主义现代化国家、全面推进中华民族伟大复兴而团结奋斗。

三是丰富载体形式，持续推进党的创新理论走进基层一线、走进职工心里。各级工会大力开展有特色、接地气的宣讲，凝聚奋进新时代的信心与力量。襄阳市总工会组建“劳模工匠宣讲团”和“职工文艺宣讲团”，采取“劳模宣讲+文艺宣讲”相结合的形式，大力宣传党的二十大精神，精心创作歌舞《人民就是江山》、舞蹈

《快递小哥》等20多个宣讲节目，送到基层一线，引发职工群众的强烈共鸣。宜昌市总工会开展宜昌职工“思政课”活动，采取党代表视频宣讲、劳模工匠现场讲述、现场交流、知识问答等形式，推动党的二十大精神学习宣传进企业、进工地，目前已走进多家企业开讲，场场精彩、场场火爆，进一步激发了广大职工永远跟党走、奋进新征程的内生动力。

二、紧跟时代推动创新发展

做好职工思想政治工作，要不断充实新内容，采用新方法，切忌因循守旧、故步自封，要坚持与时俱进、创新发展，让组织职工、引导职工、教育职工焕发新的生机与活力。

一是要着眼新的群体，扩大思政工作覆盖领域。随着经济社会发展，新业态、新群体不断涌现，要加强组织覆盖，把新就业形态劳动者最大限度纳入工会组织中来，做好思想政治引领不漏一人。目前，湖北省约有新就业形态劳动者230万人，其中稳定就业的新就业形态劳动者约90万人，为了让这些劳动者同样能找到“娘家”，湖北已建成新业态基层工会3355家，入会人员近70万人。湖北省总工会加强系统谋划，组织全省工会开展新就业形态劳动者建会建家“双建”行动，一体做实思想引领、建会入会、维权服务等各项工作。

针对新就业形态劳动者渴望提升职业认同感、归属感、荣誉感的内在需求，湖北省各级工会积极打造昂扬向上的新就业形态劳动者文化，注重选树先进典型，逐步扩大“四大群体”推荐评选劳动模范、五一劳动奖和荆楚工匠的名额比例。涌现出抗疫时期的“生命摆渡人”、湖北五一劳动奖章获得者湖北顺丰速运有限公司硚口分公司经理汪勇，全国五一劳动奖章获得者、武汉市“饿了么”汉街站点外卖小哥郭峰，“勇救落水老人不幸牺牲”的外卖小哥王静，“勇攀二楼救下火海一家三口”的“最美退役军人”快递小哥张裕，全国五一劳动奖章获得者、“90后”滴滴网约车司机王利，湖北省劳动模范、韵达湖北咸丰网店快递员黄鄂林等一大批优秀代表。其中，郭峰受邀参加全国总工会“五一”新闻发布会，讲述外卖骑手的抗疫故事，其典型事迹在网上的点击量过千万次，带动激励广大新就业形态劳动者向身边的榜样学习，努力在平凡的岗位上造就不平凡的人生。

二是要运用新的理念，不断提升思政工作效能。根据湖北省第十二次党代会的部署，2022 年 7 月，湖北省委全面启动美好环境与幸福生活共同缔造试点工作，广泛发动群众决策共谋、发展共建、建设共管、效果共评、成果共享。共同缔造的实践路径在于坚持以党建为引领，与广大群众共建共治共享，这与工会组织的群众性高度契合。践行共同缔造理念，要求发动职工群众一起想、一起干，而不是工会单干；要求倾听职工意见、了解职工意愿，激发职工群众主人翁意识和参与积极性，这本身就是最好的思想引领工作。

在试点过程中，各级工会创建了不少好经验、好做法，如“工会建家、社区安家、小哥当家”新模式。近年来，各级工会与社区结对共建了一大批户外劳动者爱心驿站。结合实践探索和职工生物钟需求，一些基层工会将片区快递员分组，建立值班登记制度，实行驿站自管，备受职工热捧。又如“新合伙人”制度，为发动职工广泛参与基层治理，一些基层工会联合社区专门颁发聘书，邀请快递员、外卖骑手等新就业形态劳动者当好“基层治理合伙人”，引导他们广泛参与志愿服务、社区建设、文明创建等活动，携手共同缔造美好生活。这些创新举措让思想引领开出新的花朵，不仅增强了社区治理能力，更让新就业形态劳动者找到了展现自我价值的新舞台，极大提升了他们的认同感、归属感、幸福感，取得了一举多得的社会效果。

三是要探索新的方法，切实增强思政工作吸引力。做思想政治工作，不能不顾实际情况变花样，也不能不管青红皂白，什么人都套用一种方法，必须紧扣职工思想新变化、认知新特点，积极探索适应新时代潮流、契合新生代职工精神文化需求的思政方法。近年来，湖北省一些基层工会积极探索，不断求新求变，做到“只有职工想不到，没有工会办不到”。例如，中建三局工会摸索出一套“促进思政工作迭代升级”的特色做法，通过实施“业务 + 思想”双导师制度，精心开发手绘长卷、漫画、短视频、纪实展览等契合新生代员工的思政产品，重磅发布企业歌曲MV、企业发展史长篇报告文学等文艺精品，不断擦亮企业文化、职工文化品牌，打造思政工作升级版，切实提振了职工的精气神。宜昌市总工会开发微信小程序，推出了“职工健步走——健身打卡、答题闯关”活动，将党的二十大精神、党史学习教育、地方经济建设知识等引入题库，引导职工边走边学，并实行积分奖励，吸引三万多名职工踊跃参与，实现了思政工作由“静”向“动”转变，成为湖北省工会推进新时代职工思想政治工作的一道亮丽风景。

做好思想政治工作是永恒课题，各级工会要时刻保持创新意识，勇于摆脱传统思维定式，聚焦新群体、新理念、新方法，不断开创工作新局面、开辟工作新境界。

三、深入实践调查研究

调查研究是我们认识问题、分析问题、解决问题、提升工作水平的重要手段和途径。要做好新时代职工思政工作的重大课题，必须深入调研，把准职工思想脉搏，更有针对性地开展工作。

近年来，湖北省总工会把及时掌握职工最新思想状况作为一项基础性、常态化的工作来抓，每年围绕一个至两个职工群体开展思想状况调研分析，形成高质量的调研报告，做到有针对性地开展思想政治引领工作。

一是围绕职工关切开展调研。湖北省总工会联合高校、科研机构，采取问卷调查、调研座谈、面对面访谈等方式，对不同群体的职工思想状况或精神文化生活状况进行分析研判，形成了一批调研成果。2011 年，湖北省总工会对全省非公企业职工精神文化生活状况进行调研；2012 年，对全省企业职工思想状况进行调研；2013 年，对全省企业职工职业道德状况进行调研；2014 年，对社会主义核心价值观在职工中的培育与践行情况进行调研；2016 年，对全省农民工思想政治工作进行调研；2019 年，对湖北省参与“一带一路”建设企业劳动关系进行调研；2022 年，对全省新就业形态劳动者思想状况进行调研。根据调研成果，湖北省总工会研究出台了加强职工思想政治工作的系列文件，湖北省总工会领导带队深入基层开展服务指导，全省各级工会对如何做深做实做活思想政治工作认识更深刻、思路更宽广、成效更显著。

二是注重做好成果转化运用。调查研究过程中形成的思路办法、对策措施，只有通过行之有效的方式方法上升为决策、付诸实践，才能有效转化为解决问题、推动发展、服务群众的“施工图”，实现调研成果的效益最大化、价值最大化。湖北省总工会积极争取党政重视支持，高位推进促落实。2022 年，湖北省委常委会专门听取湖北省总工会的工作汇报，省委主要领导对工会组织在抓实职工思想政治引领等方面发挥的重要作用给予充分肯定；省长主持召开省政府与省总工会联席会议，专题研究新就业形态劳动者权益保障工作，会后湖北省政府办公厅印发了《关于推进新就业形态劳动者权益保障工作的若干措施》；省委副书记专门到省总工会调研，将新就业形态劳动者权益保障纳入产业工人队伍建设改革重要内容。为深入推动省委要求及联席会议精神落实，2023 年初，湖北省总工会主席密集到十多个省直部门座谈交流，推动省工商联委员单位加大建会入会、民主管理、集体协商工作力度，推动省司法厅将新就业形态企业集体协商纳入依法治省创新项目，将“法院＋工会”项目、“人社＋工会”多元化解劳动争议项目、“尊法守法·携手筑梦”活动纳入依法治省实事项目，推动与省交通厅联合出台意见文件，加强货车司机之家规范化建设，推动人社部门零工驿站与工会爱心驿站融合共建，形成了服务新就业形态劳动者等群众的工作合力。

三是作为重点工程督导推进。成果转化是调查研究的“最后一公里”，事关调查研究的质量和成效。只有找准问题根源“对症下药”，研究提出对策才能做到“药到病除”。2021年，在深入调查研究的基础上，湖北省总工会制定出台《关于维护新就业形态劳动者劳动保障权益的实施意见》，围绕新就业形态劳动权益保障的重点任务，分解成思想引领、建会入会、建功立业、维护权益、关爱服务、站点建设六个方面，细化18项目标任务，由宣教部、基层部、经技部、权益部等12个部室压茬推进，确保落地落实。2022年，湖北省总工会制定《湖北省总工会新闻发布与舆情引导机制实施方案》，将农民工、新就业形态劳动者纳入网上舆情监测范围，全网全天候关注诉求，积极回应职工的留言呼声，一对一及时予以回复交流，受到职工欢迎点赞。

各级工会在推进职工思想政治工作中，也十分注重对本地、本系统、本企业的职工思想状况进行调查研究，对职工的心声、诉求和愿望进行实时收集，形成相关调研制度，据此不断调整工作的方法策略，做到对症下药、有的放矢。

四、采用鲜活方法增强活力

思想政治工作是一项常做常新的工作，必须紧密结合时代发展和基层实际，坚持贴近实际、贴近生活、贴近群众，不断探索创新做好新时代思想政治工作的有效载体和方式方法，不断放大职工思想政治工作的渗透性与实效性。

人的思想一直都在动态变化中，做好思想政治工作也需要采用生动鲜活的形式，增强吸引力、感染力，让职工喜闻乐见、易于接受。实践中，要着重把握以下几点：一是思想政治工作要有针对性，不能一刀切；二是不能板着面孔说教，方式方法要灵活多样；三是要把学习融入生产生活之中，使思想政治工作真正体现“三贴近”的要求。

在职工思想政治工作方法创新方面，基层办法多、点子新。例如，中建三局工程总承包公司推出的“小板凳”宣讲队、襄阳市总工会对“三个精神”的具象宣传，都是其中经典的做法。

针对建筑央企职工队伍庞大、项目分散的实际，为切实增强思想政治工作的覆盖面和实效性，中建三局工程总承包公司成立“小板凳”宣讲队，组建27支宣讲队，涵盖150名宣讲员，先后在武汉、天津、郑州、成都、长沙等30多个城市（地区）开展近千场理论宣讲，覆盖职工数万人次。“小板凳”宣讲队以“贴近基层、注重实效”的原则，以接地气、受欢迎的语言和形式，让基层理论宣讲活起来。

处处都是宣讲台。公司以一名宣讲员带一张小板凳、一支小喇叭、一本宣讲册、一块小黑板的形式，充分利用一线项目的空地（配电房、材料库房、纳凉亭等），板凳一摆，采取围坐互动模式现场开讲，使之成为充满泥土味的“学习课堂”。

场场都有新方式。宣讲队员对宣讲内容进行吸收消化，将“书面语”变成“口头语”，将“理论文”变成“大白话”，以工友喜闻乐见的讲故事、写板书、小快板、唱歌曲等方式，辅之项目工地电子有声墙、工地广播站、文化宣传墙等平台，让理论宣讲贴近职工身边，被职工群众理解、接受和运用。

人人都是参与者。宣讲队打破宣讲人员与听众之间的输出输入壁垒，加强互动交流，通过“面对面”的形式，鼓励听众谈体会、谈畅想、谈发展，在讨论交流中让广大听众更有参与感、存在感和获得感。同时，利用公众号留言板、电话热线、职工信箱等收集工友意见建议，了解基层群众对宣讲成效的实际感悟，以受众感受和宣讲实效形成正向反馈。

宣讲队先后被新华社、《人民日报》客户端、学习强国、国资委《宣传工作》周报报道60余次，受到《工人日报》、《海口日报》、《湖北日报》、《南方日报》等主流媒体的关注和好评。

在做活思想政治工作方面，襄阳市总工会也有奇思妙想。其中最为突出的是，襄阳市总工会探索运用“具象宣传”方法，制作了一大批网络“卡通爆款产品”，可爱可乐的造型，让劳动者的形象更有亲和力，为大力弘扬“三个精神”开辟了新路径。

2021 年，襄阳市总工会以“90 后”全国劳模、国际焊工魏丽超为原型，设计了网络卡通 Logo“襄襄”、“阳阳”，以及电焊工、消防员、快递员、医护人员、警察、教师等 10 多个行业的劳动者卡通形象，传递各行各业多元化、个性化造型效果。同年“七一”当天，襄阳市总工会微信表情包“奋斗中的‘襄襄’‘阳阳’”在微信表情包商店正式上线，20 多个“行业卡通形象人物”分别闪现出“咱们工人有力量”、“我劳动，我光荣”、“每天每日忙工作”、“专注”、“加油”等体现工人阶级昂扬风貌的表情，向党的百年华诞献礼。2022 年，襄阳市总工会邀请在湖北省首届“e 有绝活”高技能人才技能大赛中获一等奖的“荆楚工匠”、南漳县气球达人徐登勇创作了展示快递员、产业工人、航天员形象的 10 多个“卡通气球人”，形象生动，萌态可掬。襄阳市总工会的 Logo 形象、玩偶人、气球人、暖心登山包、党史学习教育鼠标垫、遮阳清凉帽等一系列文创产品，在工会各种大型活动和送温暖、送清凉慰问活动中纷纷“亮相”，成为职工群众竞相合影留念的“打卡点”。

襄阳市总工会的文创举措让人耳目一新，接地气、聚人气、扬正气，实现了三个突破：在思想观念上，由“被动应付”向“主动攻击”转变；在工作内容上，由“封闭型”向“开放型”转变；在教育形式上，由“单向灌输”向“灵活多样”转变。通过生动活泼、群众喜闻乐见的形式，把抽象的概念转变为生动的现实，把正确的导向体现在丰富的活动之中，达到了浸润心灵、振奋精神、升华境界、激发力量的良好效果。

五、着力解决职工实际问题

最有效、最有说服力的思想政治工作是能够帮助职工解决实际问题，努力实现抓思想与办实事有机结合。各级工会组织必须始终秉持“解决职工的急难愁盼是最好的思想政治工作”的理念，坚持服务企业发展、服务职工群众，及时回应职工的现实关切，积极为职工做好事办实事解难事。

一直以来，湖北工会将职工思政工作与为职工提供优质服务紧密结合起来，大大增加了职工的获得感。

湖北顺丰速运党委副书记、工会主席表示："顺丰工会设置了工会热线、小哥帮帮群、回声等多个渠道。小哥在群里反馈的问题，1个工作日内可以得到回应，3个工作日内得到解决。"畅通沟通渠道，及时提供工作生活帮助，为外卖骑手、快递员们分忧解难，才能让员工获得尊重感、安全感、幸福感，助力稳岗稳心。

中铁十一局四公司工会副主席表示："中铁十一局四公司在传统心理服务的基础上，加入'心灵游园会'模式，将科普心理知识融入趣味主题活动，让大家在轻松、愉悦的氛围中，释放压力，进行自我探索。"公司的心理关爱行动自2020年启动以来，通过专业讲座、个体咨询、团体辅导、心理关爱云平台等多种形式，为员工的心理健康保驾护航。

"我们职工的家属如果遇到问题，也能求助工会。"中铁十一局四公司一位职工的家人几个月前陷入烦躁偏激、低落抑郁的情绪，且伴随严重失眠，后来在工会联系的心理咨询师的帮助下，状态逐步好转。“非常幸运公司有这样一个窗口，让我们的家庭重获新生！”受助职工说。

为了更好地关怀公司青年员工，中建三局实施“业务 + 思想”双导师制度，除了业务导师外，还为每位新员工专门安排一名思想导师，负责思想沟通解惑，提供职业发展指导。“有时工作中遇到了困难，感觉很迷茫。经过与导师的谈心，自己的心态调整能力有了很大提升。其他方面的诉求还能通过公司的职工服务‘E 热线’转拨到对应部门，得到更为专业的解答，的确给我们的工作与生活提供了更好的氛围。”一名中建三局一公司基础公司青年职工说。

上述信息是湖北省各级工会做实思想政治工作的相关报道。基层工会主席和职工的反馈充分说明，只有牢固树立为职工服务的宗旨，满腔热情为职工群众服务，才能赢得广大职工的信赖和认可。由此可见，引领职工思想与解决职工实际困难是思想政治工作的“两翼”，缺一不可，两者相互补充、相互支撑。各级工会要把“竭诚服务职工群众”作为一切工作的出发点和落脚点，想尽一切办法、穷尽一切手段、用尽一切资源，设身处地为职工着想，全心全意为职工服务，把思想政治工作做到职工心坎上。

一是要用心关爱职工成长成才。随着社会竞争的日趋激烈和网络信息技术的进一步发展，职工在便捷获得信息的同时，也正在承受随之而来的焦虑、急躁甚至是莫名的惶恐，对自身职业发展也时有信心不足。为此，各级工会要深入基层一线，与职工群众面对面真情交流，关注“职工小事”，关注职业发展，摸准思想、用心引导，积极为职工实现自我价值搭建平台，让职工有位置、有舞台、有发展空间，助力职工立岗建功，把个人发展融入企业发展和国家发展大局之中，争做新时代奋斗者。

二是要用力帮助职工解疑释惑。当前，职工生活在信息爆炸的时代，既存在信息超载的问题，也存在信息孤岛的现象，各种社会思潮和不同价值观的涌入，让职工产生困惑和迷茫，如得不到及时引导和疏解，将形成越来越大的“心结”。为此，各级工会要大兴调查研究，认真梳理分析职工群众的思想迷惑点、情绪纠结点，有针对性地开展释疑解惑和思想引导工作。要积极壮大主流思想舆论，用主流价值观念占领职工思想主阵地，着力打造健康、昂扬向上的职工文化，以思想引领提振人心、以丰富活动凝聚人心、以关爱服务温暖人心，做到职工群众生活工作在哪里，“娘家人”的身影就跟进到哪里。

三是要用情解决职工急难愁盼。要坚持以职工为中心的工作导向，着力构建联系广泛、服务职工的工会工作体系，努力为广大职工提供普惠性、常态性、精准性服务。坚持“从群众中来、到群众中去”的工作方法，深入了解不同行业、不同职工群体的思想状况和心理特点，把解决思想问题同解决“急难愁盼”问题结合起来，把思想引领同“我为群众办实事”实践活动结合起来，满怀真情开展“工会进万家”调研走访慰问，深入开展工会干部赴基层蹲点活动，在有效服务职工中提升思想政治引领能力。

不管时代如何变化，以真诚服务做实思想政治工作的规律不变。各级工会要站稳群众立场，强化宗旨意识，坚守初心使命，践行党的群众路线，把惠民生的事办实、暖民心的事办细、顺民意的事办好，解决好职工群众最关心、最直接、最现实的利益问题，让思想政治工作更有情感、更有温度、更有力量。

六、秉承精细理念服务职工

思想政治工作不是暴风骤雨，而是一项细致入微的经常性、基础性工作，必须把握精细理念、强化系统思维，与工会日常工作和活动有机融合，做到耐心细致、润物无声、常态长效。实践工作中，既要清醒认识思政工作的复杂性，又要深刻把握思政工作的规律性。

一是要反复做，不指望一次解决问题。思想政治工作根本上是做人的工作，人是世界上最复杂的动物，思想和情绪具有复杂性。为此，做思想政治工作必须保持足够的耐心和定力。要学习中医的做法，坚持望闻问切、察言观色，具体人具体分析，仔细了解问题存在的原因，找到问题症结。要坚持关口前移，重视源头治理，从解决思想问题产生的根源入手，逐步取得突破。对于一次解决不了的问题要反复做，多做几次，晓之以理、动之以情，持续用力、久久为功；“解铃还须系铃人”，要找到最合适的人来做，找到职工最信服的人来做，确保取得事半功倍的效果，做到不厌其烦、耐心细致、深耕细作、常态长效。

二是要迂回做，从职工关心关注的问题入手。职工产生思想问题的原因具有复杂性，既有主观因素也有客观因素。为此，做好思想政治工作，不能简单看问题，不能就思想问题谈思想问题，否则容易绕进“死胡同”。要把眼光聚焦到职工群体和个体本身，深切关心职工想什么，根据他们困惑、关心的问题来做，着力解决和疏通职工群众的痛点、堵点和难点问题。“磨刀不误砍柴工”，要注意方式方法，坚持迂回做，避免正面交锋，采用职工易于接受的方式进行巧妙沟通，从优化环境、提供支持入手，加大人文关怀力度，逐步触及思想和灵魂。要深入研究职工心理，深刻把握新时代职工群众从满足基本生活需要向提升生活品质转变，从满足物质性需求向体面劳动、实现自我价值等社会性、精神性需求转变的普遍趋势，运用群众喜闻乐见的方式，搭建职工群众便于参与的平台，开辟职工群众乐于参加的渠道，提供更多高质量的文化产品，给予更多精神需求的满足，确保思想政治工作受到职工欢迎。

三是要用心做，不搞大水漫灌、运动式。做好职工思想政治工作，要坚持用心用情，深入分析职工思想特点，切实把准职工思想脉搏，积极构建符合其特点和实际的思想教育模式，确保思想教育工作充满活力与生命力。要坚持从小处着手讲大道理，不搞运动式的大水漫灌，做到因人施策、精准滴灌、水滴石穿。矛盾无时不在、无处不有，既有普遍性又有特殊性，开展职工思想政治工作既要总结经验、归纳共通性，又要考虑差异、分析特点，进行差别化对待。当前，面对媒体格局和舆论生态加快重塑，互联网对职工思想观念、价值理念带来冲击，要充分发挥互联网的优势，走好网上群众路线，积极应对网络风险和挑战，加强职工网上思想政治引领，创新运用新媒体能力特别是对青年职工的吸引力、引导力。

做好新时代职工思想政治工作，既是一个时代课题，也是一项日常性、基础性的工作。要积极汲取传统思政工作的精华，根据时代发展的新变化，不断赋予其新的内涵和外延；要深刻把握规律，找对方法路径，在探索实践中完善提升；要坚持不懈抓、持续用力抓，以更加扎实有效的工作作风，不断推进新时代职工思想政治工作行稳致远。

第五章

工作回顾与未来展望

湖北省总工会以不断强化全体职工思想政治工作意识为牵引，以开展新时代职工思想政治工作创新案例征集展示活动为抓手，尊重基层首创精神，鼓励全省工会系统从工作理念、工作内容、工作方式、工作体系等方面进行全方位探索创新，形成了“1+N”工作法这一行之有效的新时代职工思想政治工作模式，特别是集中展示发布的“10+10”案例，连同其他许多各具特色的工作品牌正在被复制和推广，共同汇聚成全省工会组织积极引领职工队伍听党话、跟党走的生动实践，有力助推了湖北“建成支点、走在前列、谱写新篇”目标的实现。回顾总结这些年的具体实践，全省工会工作者真切地体会到了抓思想政治工作的重要性，尝到了抓思想政治工作的甜头。

一、形成共识发挥思政工作巨大能量

党的十八大以来，习近平总书记先后五次视察湖北，并参加全国人大湖北代表团审议，为新时代湖北改革发展把脉定向、指路领航。牢记嘱托、砥砺奋进，湖北把建设全国构建新发展格局先行区作为建成中部地区崛起重要战略支点的重要路径和载体，推进以流域综合治理为基础的“四化”同步发展，积极探索推进中国式现代化的湖北实践。

当前，湖北全省上下正在奋力建设全国构建新发展格局先行区，谱写全面建设社会主义现代化国家的荆楚篇章。湖北工会守正创新做好新时代职工思想政治工作，团结带领广大职工勇担新时代使命任务，在统一思想、凝聚共识、鼓舞斗志、团结奋斗方面有效发挥了保驾护航作用。

（一）坚定不移听党话、跟党走的决心更加坚定

通过坚持不懈用党的创新理论武装职工，用正确舆论引导职工，用先进文化培育职工，用高尚精神塑造职工，用优秀作品鼓舞职工，用真诚服务赢得职工，湖北全省广大职工爱党、爱国、爱社会主义的热情不断增强，更加紧密团结在以习近平同志为核心的党中央周围。其中最为突出的是，2020 年新冠疫情期间，在党和人民最需要的关键时刻，湖北职工群众听党指挥、火速集结，始终冲锋在疫情防控第一线，与病魔搏斗，与时间赛跑，构筑起坚不可摧的铜墙铁壁。在习近平总书记的坚强领导下，在全国各兄弟省市的驰援支持下，各行各业职工团结一心、共克时艰，携手创造了 10 天建成火神山医院、12 天建成雷神山医院的世界奇迹。“两山”速度展现中国力量，涌现出一大批职工抗疫典型和平凡英雄，书写了感天动地的壮丽诗篇。他们背后，是保家卫国的赤胆忠心，是勇往直前的革命斗争精神，是坚定不移听党话、矢志不渝跟党走的坚定信念和奋斗情怀。疫情过后，湖北企业迅速复工复产，全省千万职工分秒必争“撸起袖子加油干”，以英勇顽强的精神把疫情损失的时间夺回来，让湖北经济重回主赛道，为打赢疫情防控阻击战、夺取疫后重振决定性成果发挥了中流砥柱的关键作用。张富清、黄旭华被授予“共和国勋章”，张定宇被授予“人民英雄”国家荣誉称号，黄群、马旭、李道洲、崔崑、汪勇等七人获评第七、八届全国道德模范，“荆楚群星”闪耀全国。全省广大职工群众传承红色基因、赓续红色血脉，始终勇立潮头，铸牢忠诚本色，汇聚起同心同德、同向同行的磅礴力量。

（二）职工劳动热情更加高昂

不论是在全国首个出台《关于大力弘扬劳模精神劳动精神工匠精神的决定》，着力加强产业工人思想政治引领，厚植劳模文化、加强劳模选树宣传，还是如火如荼开展“建功新时代、奋进新征程”劳动和技能竞赛，创建荆楚工匠学院、职工（劳模、工匠）创新工作室，湖北都在全社会持续营造了劳动光荣、技能宝贵、创造伟大的浓厚氛围，激发了职工立岗建功、技能报国的昂扬斗志，其中思想政治工作有效发挥了调动广大职工积极性、主动性、创造性的重要引擎作用。湖北广大职工始终勇立时代潮头，担当历史使命，以一往无前的实干精神拼搏在经济建设主战场、奋斗在创新创造最前沿，在服务中心大局中展现了担当作为。每年，湖北有800多万名职工在广泛参与劳动和技能竞赛中同台竞技展风采、比学赶超赛贡献；100多万名职工通过各种类型的技能比武、技能大赛提升技能等级，走上成长成才快车道。在襄阳，大国工匠年度人物孙红梅说她经常坐公交时被认出来，乘客们给她让座，为她点赞。在中国一冶，“90后”的电焊工周举成为企业人人知晓的“明星”。尊重劳动、崇尚劳动，“我为高质量发展作贡献”越来越成为广大职工的思想共识和价值追求，一支有理想守信念、懂技术会创新、敢担当讲奉献的宏大产业工人队伍正在加快形成。2018年以来，湖北推荐评选大国工匠五人、省级以上劳动模范和先进工作者1100人、五一劳动奖状170家、五一劳动奖章1051人、工人先锋号909个、荆楚工匠509人，劳动最光荣、劳动最崇高、劳动最伟大、劳动最美丽在荆楚大地蔚然成风。

（三）职工队伍更加和谐稳定

中国特色社会主义进入新时代，我国发展面临难得的历史机遇，但也面临着前所未有的各种挑战，特别是安全稳定的挑战。推动创新发展、协调发展、绿色发展、开放发展、共享发展，前提都是国家安全、社会稳定。没有安全和稳定，一切都无从谈起。湖北工会坚持把解决思想问题和解决实际问题紧密结合，在大力构建和谐劳动关系、积极为企业纾困解难中担当作为，在加强职工心理疏导、理顺职工情绪中善作善成，在化解职工急难愁盼、提升职工生活品质中凝聚民心。2018 年以来，湖北全省签订企业、行业（区域）集体合同 3.3 万份，覆盖职工 332.8 万人；“法院 + 工会”诉调对接工作在全国率先实现市县两级全覆盖，案件调解成功率超过 50%，将劳动关系矛盾和隐患化解在基层、消除在萌芽。近年来，湖北未发生劳动领域政治安全和舆情事件，以职工队伍的和谐稳定促进了经济社会的平安稳定发展。同时，持续唱响工会“四季歌”，加强困难职工帮扶救助，做实职工普惠服务。“你安心上班，我帮你带娃”，1000 多个爱心托管班帮助职工解决后顾之忧；“累了来歇歇脚、饿了来热口饭”，1800 多家户外职工爱心驿站被职工们当作爱的港湾；“会聚良缘 共赴美好”，2000 多场交友联谊活动让大龄青年快速脱单……职工在不断收获的幸福感和获得感中感党恩、听党话、跟党走，并积极投身共同缔造行动，越来越多的职工加入“基层治理新合伙人”、“文明志愿者”队伍，成为社情民意的信息员、文明行为的引导员、城市形象的宣传员。

（四）职工的主人翁意识进一步增强

职工是企业最宝贵的财富，企业和职工是命运共同体。湖北工会长期秉持“企业好，职工才好”的工作理念，将企业作为工会工作的主战场，充分发挥“一肩挑两头”的作用，于2022年出台《湖北省总工会关于关心关爱职工群众 助力企业纾困解难的若干措施》，实施“15条措施”，积极为企业生产发展、稳岗就业提供支持，通过走近职工身边、做到职工心坎里的思想政治工作，职工对企业的认同感和归属感进一步增强，把个人建功立业与企业兴旺发达紧密联系在一起，更加坚定不移支持企业发展，充分发挥企业发展主力军作用。面对后疫情时代复杂多变的市场环境和严峻挑战，湖北东贝集团主营收入仍然实现平稳增长，正是企业开展大家庭文化建设，把职工当家人、当主人，持续激发职工积极性、创造性，与企业同心、同向、同行的显著成效。2021年，湖北实现疫后强势复苏重振，排名重回全国第七；2022年，湖北经济发展保持进中提质的良好态势。这是全省职工深入贯彻落实习近平总书记关于湖北工作的重要讲话和指示批示精神，不忘初心跟党走、感恩奋进谱新篇的显著成效，是工人阶级努力投身新时代伟大实践、肩负历史使命发挥主力作用的充分彰显。

二、坚持问题导向推动工作常抓常新

思想政治工作只有起点，没有终点；没有最好，只有更好；不可能一蹴而就、一劳永逸，必须与时代共进步，创新不停歇。尽管湖北省工会做了一些有益探索，但还存在不足，还有很多难题需要进一步研究和回答。

（一）存在工作不平衡、不充分等问题

近年来，湖北省工会下大气力推进职工思想政治工作，打造了一批立得住、叫得响、推得开的思政工作品牌，研究和改进职工思想政治工作的氛围越来越浓厚，整体工作态势喜人，初步形成了"大思政"格局。但一些地方和单位还不同程度地存在重视程度不够，畏难情绪严重，投入的人力、物力、财力不足，缺乏深度研究和系统思考谋划，缺少能力强并懂得思想政治工作的人主抓主管等问题，导致各地各单位工作差异较

大，整体工作发展不平衡、不充分，跟不上时代前进的步伐，不能很好地满足广大职工期盼。

（二）存在认知模糊、方法不多等现象

思想政治工作是一项系统工程，具有综合性、整体性、多样性、复杂性等特点，难以全面精准把握。尽管湖北省总工会进行了艰苦探索，但深入研究、宣传诠释还不够，对于什么是职工思政工作，方法和手段是什么，如何厘清思政工作与其他工作的边界，一些工会还存在模糊片面认识或大而全、什么都是思政工作的观念。实践工作中，各级工会组织和工会干部也存在认知不一致。有的认为思想政治工作过“虚”，做了与没做区别并不明显，也不能直接解决现实问题，属于“讲起来重要，做起来次要，忙起来不要”的工作；有的认为思想政治工作过“难”，专业性、挑战性强，没有“两把刷子”的人做不了，即使做了也难立竿见影；有的认为思想政治工作过“杂”，工会所有的工作和活动中都蕴藏着思想政治工作元素，但又不仅仅是思想政治工作，很容易产生范畴不明、边界不清的困扰……正因为这些模糊认知、片面看法，导致职工思想政治

工作一定程度上存在泛化虚化弱化现象。目前，这些问题还未从根本上得到解决，需要进一步加大研究力度，做好用通俗化语言释疑解惑的工作，让大家真正明白思想政治工作是什么、做什么、怎么做等问题。同时，在方式方法上，有的基层工会还停留在传统思维阶段，认为职工思想政治工作就是单纯说教、单向灌输，依然采用正襟危坐、耳提面命式宣传教育，不善于运用新技术、新手段，不善于拓展形式多样的方法载体，处于“老办法不管用，新办法没找到”的瓶颈状态，缺乏真招实招妙招，导致工作效能不高，未能让职工思想政治工作接地气、聚人气、鼓士气、凝正气。

（三）存在品牌效应不强、复制推广不足等问题

2023 年初，湖北省总工会重磅推出“10+10”案例，作出了首次有益探索，形成了良好的品牌示范效应，但一些地市、产业、企业工会创建职工思想政治工作品牌的意识还不强，职工思想政治工作仍处于自发和零散的状态，有特色、有亮点、受到职工认可的思想政治工作品牌还不多。从全省层面看，对于基层工会做的大量职工思政工作，还存在发现不够、培育不够、系统总结不够等问题。在下一步工作中，还需常抓不懈，积极营造浓厚的职工思想政治工作氛围，持续不断挖掘总结，形成新的典型案例品牌，力争做到应挖尽挖、优中选优、立体呈现，让思想政治工作全面覆盖不同群体和领域，更有效发挥出思想政治引领向心力、感召力和凝聚力，不断擦亮新时期湖北职工思想政治工作品牌。

三、推动思政工作融入伟大实践

党用伟大奋斗创造了百年伟业，也一定能用新的伟大奋斗创造新的伟业。当前，我国已实现第一个百年奋斗目标，正意气风发向第二个百年奋斗目标进军。征途漫漫，唯有奋斗。站在两个百年的历史交汇点，比以往任何时候都更加需要思想的引领、团结的力量。各级工会组织和工会干部要始终坚持“职工群众在哪里，思想政治工作就有效覆盖到哪里”，以更加扎实的工作作风、更加有效的工作举措做好新时代职工思想政治工作，打牢职工群众共创伟业的共同思想基础。

（一）更好地把广大职工思想和行动统一到党的路线方针政策上来

党的二十大擘画了全面建成社会主义现代化强国、以中国式现代化全面推进中华民族伟大复兴的宏伟蓝图，为新时代新征程党和国家事业发展、实现第二个百年奋斗目标指明了前进方向、确立了行动指南。工会是党领导下的工人阶级群众组织，必须始终坚持党的全面领导，传承百年工运的优良传统，始终以党的旗帜为旗帜、以党的方向为方向、以党的意志为意志，通过各种形式加强宣传宣讲，把党的主张转化为工会和职工群众的自觉行动；必须充分发挥工会“大学校”作用，把“大学习”的课堂搬到工厂车间、生产一线、发展前沿，引领广大职工把思想和行动统一到党的路线方针政策上来。必须以改革创新精神加强和改进职工思想政治引领工作，切实承担起“举旗帜、聚民心、育新人、兴文化、展形象”的使命任务，不断巩固党执政的阶级基础和群众基础。

（二）更好地激发广大职工投身中国式现代化的强劲动力

全面推进中国式现代化、为实现中华民族伟大复兴的中国梦而努力奋斗，是新时代我国工人运动的时代主题。工会联系职工最紧密，也肩负着产业工人队伍建设改革的牵头抓总职责，要推进理想信念教育常态化制度化，教育引领工人阶级和广大劳动群众始终牢牢把握工人运动时代主题，胸怀“国之大者”，牢记“国之大事”，做理想信念的坚定者，做劳模精神、劳动精神、工匠精神的弘扬者，做团结奋斗的实践者，做创新创造的推动者，以劳动和实干托起中国梦，始终做党执政的坚实依靠力量。要将思想政治工作贯穿到组织职工、引导职工、宣传职工、维护职工合法权益的全过程各方面，坚持全心全意依靠工人阶级，扎实推动产业工人队伍建设改革，大力弘扬“三个精神”，培养更多大国工匠、高技能人才，充分激发广大职工的主人翁意识，在中国式现代化的新征程上更好地发挥主力军作用。

（三）更好地推进思想政治工作在新时代焕发出新的生机活力

迈入新征程，做好职工思想政治工作的环境更优、条件更好。数字化、网络化、智能化加速演进，将为职工思政工作插上信息化翅膀；对标全国总工会的工作部署，湖北省总工会制定出台了《湖北省职工爱国主义教育基地命名管理办法》，持续打造省级职工爱国主义红色教育基地。湖北工人文化宫正在加快建设，将建成湖北工运历史展馆、职工“双创”服务基地、职工文体活动中心等系列场馆，各地工人文化宫提档升级步伐加快，同时正在如火如荼建设一批劳模文化主题公园、五一劳动广场、劳模工匠数字馆等设施，湖北省做好职工思想政治工作的软硬件措施更加完备，载体形式将得到极大丰富和拓展。新使命新目标，为做好职工思想政治工作提供了广阔舞台。湖北全省各级工会将紧紧围绕党政中心大局、工会工作全局，以品牌化战略助推职工思政工作高质量发展。因地制宜树品牌，尊重规律育品牌，持之以恒创品牌，用钉钉子的精神推动职工思政工作品牌创建不断出新出彩，形成在全国立得住、叫得响的湖北特色、湖北模式。

下一步，湖北省总工会还需在理论和实践层面深耕细作，坚持行之有效的成熟做法，同时积极探索新模式新经验，弘扬党的优良传统，用好思政工作这个“传家宝”，研究新问题、回答新课题，创新思政工作方式方法，守住这条“生命线”。

四、创新不止推动工作走深走实

新思想领航新时代，新目标开启新征程。在奔赴充满光荣与梦想的远征路上，需要工会组织讲好新时代的“大思政课”，进一步团结引领凝聚广大职工；需要全社会一起行动起来，共同做好职工思想政治工作这个“共答题”。

（一）把职工思想政治工作作为工会组织的“第一课题”

不断深化政治理论武装。强化工会组织政治属性和政治功能，始终用党的创新理论武装职工，以职工群众听得进、学得懂、记得住的方式方法，广泛开展对象化、分众化、互动化理论宣传普及，推动习近平新时代中国特色社会主义思想进企业、进车间、进班组，增强广大职工对党的领导和中国特色社会主义制度的政治认同、思想认同、理论认同、情感认同；充分利用红色资源，推进职工爱国主义教育基地建设，把红色精神、红色基因、红色血脉注入职工思想职工工作，厚植爱党、爱国、爱社会主义的情感。不断构建“大思政”工作格局。构建党政支持、上下贯通、职工参与的齐抓共管工作格局，把思政工作的触角延伸到具体的业务工作中，在服务中心、服务职工的过程中实现思想引领目的；坚持以职工实际需求为牵引，为广大职工提供具有工会特点的普惠性、常态性、精准性服务，把思想政治工作融入服务职工的日常工作中；建立科学有效的评价考核体系，建立内容全面、指标合理、方法科学的思想政治工作测评体系，将测评结果纳入落实全面从严治党主体责任情况监督检查和巡视巡察内容，纳入党政领导班子、领导干部综合考核评价内容，把“软指标”变为“硬约束”。

（二）用“一盘棋”的方式系统推进职工思想政治工作

加大职工思想政治工作指导力度。湖北省总工会加强统筹谋划，继续开展案例征集活动，不断丰富思政工作特色品牌资源库，联合专家团队每年制作推出“思政工作菜单”，提供“小切口、见效快”的思路指引和样板参考，各地各单位工会“自助点单”或做成“拼盘”，遵循全省工会职工思想政治工作的总体思路，结合本地、本单位实际情况，以较少的资源投入打造“小而美”的思政工作精品，形成繁星点点、连点成片的良好工作态势。推进职工思想政治工作整体活跃。开展思政工作结对共建，组织学习交流活动，在互学互鉴、取长补短中归纳总结做好职工思政工作的方法论，共同提升感性和理性认识。同时，充分赋能基层，加强指导帮扶，通过广泛开展调研、走访活动，掌握全省工会思政工作开展情况以及全省职工思想现状，了解薄弱环节，将资源向思政工作的薄弱地方倾斜，补齐工作短板，确保不留空白，推动职工思政工作整体进步、整体发展。

（三）共同做好职工思想政治工作"共答题"

运用新技术创新工作方法。职工思想政治工作具有鲜明的时代性，同时代的脉搏紧密相连。随着数字技术的不断发展，开展职工思政工作所面临的场景发生了翻天覆地的变化，传统的宣教手段无法触达最广泛的职工群众，这就要求各级工会积极适应信息时代的新趋势，充分运用各种线上线下平台载体，应对不断变化的思政工作场景；善用网络手段，推进数字化工会平台开发运用，优化"指尖上的工会服务"，形成线上线下深度融合、互联互动的工会工作新格局；建强网络工会阵地，走好网上群众路线，通过互联网的"放大镜效应"，使思政工作触及最广泛的职工群众，把握线上职工思政工作主动权。运用新模式创新工作形式。充分考虑新时代职工群众的思想转变，创新工作模式以及工作内容，从"面对面"到"屏对屏"，加强与职工的交流互动，做好网上网下引导服务工作。继续坚持"以文化人、以文育人"的工作思路，创新文化服务方式，推进数字化工会建设，搭建云端展示交流平台，推动职工文化网络化传播，为职工提供"菜单式”文化服务，增加职工喜闻乐见的网络文化产品供给，变“硬宣传”为“软传播”，润物无声地做好新时代职工思政工作。

（四）鼓励工会干部队伍成为“行家里手”

功以才成，业由才广。做好新时代职工思想政治工作，必然离不开高素质思政人才提供支撑，必须加快培养造就一支政治坚定、爱岗敬业、锐意创新的思政人才队伍。要积极凝聚人才，以识才的慧眼、爱才的诚意、用才的胆识、容才的雅量、聚才的良方，广开进贤之路，把思想政治工作人才凝聚起来。着眼新时代职工思想政治工作需要，善于发现人才、选拔人才，拓宽思政人才成长通道，让优秀人才脱颖而出；充分利用社会、政府、专家资源，扩充兼职力量，多元集结创新人才加入思政工作队伍。树立人才是第一资源的理念，建立健全人才培养机制，完善人才选聘管理配套措施，让想干事、会干事的人有平台、有位子，配齐配强思想政治工作专兼职骨干队伍。要大力培养人才，将政治标准作为职工思政工作队伍建设的首要标准，加强工会思政干部的培养锻炼，提升政治素养和理论水平，提高壮大主流思想文化能力、意识形态阵地管理能力、网上舆论引导和舆论斗争能力、处理复杂问题和突发事件能力。完善“工会工作好不好、职工说了算”考评机制，以鲜明导向推动工会思政干部提能善政、善作善成，深化思想政治工作人员专业技术职务评聘制度改革，培养思想政治工作的行家里手。

（五）持续完善党领导下的职工思想政治工作机制

做好职工思想政治工作不仅是工会一家的事情，全社会要一起行动，为各级工会做好职工思政工作提供帮助支持，共同做好这道“共答题”，营造浓厚的思政工作环境。要积极争取党政重视，纳入党政工作总体布局，形成党委领导、部门联合、企业主责、工会协同、社会参与的良好工作格局。要主动争取宣传、网信、文化等部门的支持，加强与主流媒体的联系合作，通过借势、借力、借智，把做好职工思想政治工作融入党的宣传思想工作的具体实践，形成齐抓共管的工作联动机制。要协调企业把做好职工思想政治工作作为重大政治任务，融入日常生产经营，安排专人负责、整体谋划推进，做到思想政治工作与业务工作有机融合、互相促进。要发挥工会联系各界、协调各方的组织优势，调动各方面积极性，争取各方面资源，画好职工思想政治工作同心圆，构建常态长效工作机制，形成齐抓共管的工作合力。

展望未来，前景光明。在党的坚强领导下，在全社会的大力支持下，湖北工会守正创新做好新时代职工思想政治工作新的画卷正徐徐展开，构建“1+N”职工思想政治工作品牌矩阵将赢得更好发展。我们坚信：路虽远，行则将至；事虽难，做则必成！

后　记

《“1+N”工作法：职工思想政治工作品牌矩阵建设》是“中国工会创新工作法”丛书之一。

本书主要聚焦湖北省总工会通过实施“1+N”工作法推动职工思想政治工作品牌矩阵建设的典型经验，为各地工会提供参考。在本书写作过程中，写作团队参考了湖北省总工会及各地市和县（市、区）总工会、各企业（产业、行业）的相关工作资料，特向提供资料的相关人员表示感谢。参加本书编写的主要人员有：王华虎、徐蓉、李达明、谢文哲、程杨、谢刘缘，胡和平对本书进行了统稿修改，陈惠霞负责了本书的审定工作。

由于编者水平有限，本书难免存在不足和疏漏之处，诚恳欢迎广大读者批评指正。

图书在版编目（CIP）数据

"1+N"工作法：职工思想政治工作品牌矩阵建设 / 湖北省总工会编著. —北京：中国工人出版社，2023.10
ISBN 978-7-5008-8261-9

Ⅰ.①1… Ⅱ.①湖… Ⅲ.①工会工作—研究—湖北
Ⅳ.①D412.863

中国国家版本馆CIP数据核字（2023）第174113号

"1+N"工作法：职工思想政治工作品牌矩阵建设

出 版 人 董 宽
责任编辑 罗荣波
责任校对 张 彦
责任印制 栾征宇
出版发行 中国工人出版社
地　　址 北京市东城区鼓楼外大街45号　邮编：100120
网　　址 http://www.wp-china.com
电　　话 （010）62005043（总编室）
（010）62005039（印制管理中心）
（010）62382916（工会与劳动关系分社）
发行热线 （010）82029051　62383056
经　　销 各地书店
印　　刷 北京中科印刷有限公司
开　　本 787毫米×1092毫米　1/32
印　　张 4.125
字　　数 60千字
版　　次 2024年3月第1版　2024年3月第1次印刷
定　　价 38.00元
